编委会

（按姓氏笔画为序）

主　编

陆　菁

副主编

叶正亭　邢　静

编　务

叶志明　吴建伟　怀　念　柯继承

姚建萍　龚　平　崔　冰

编　辑

吴越晨　潘振亮

文字统筹

张　雷

苏州民间文艺家列卷

第一卷

苏州市文学艺术界联合会
苏州市民间文艺家协会
编

古吴轩出版社

中国·苏州

图书在版编目（CIP）数据

苏州民间文艺家列卷.第一卷/苏州市文学艺术界联合会,苏州市民间文艺家协会编. -- 苏州：古吴轩出版社,2019.12

ISBN 978-7-5546-1503-4

Ⅰ．①苏… Ⅱ．①苏… ②苏… Ⅲ．①民间工艺－艺术家－生平事迹－江苏 Ⅳ．①K825.72

中国版本图书馆CIP数据核字（2019）第277114号

责任编辑：俞　都
见习编辑：石小雨
责任校对：黄菲菲
装帧设计：周　丹

书　　名：苏州民间文艺家列卷.第一卷
编　　者：苏州市文学艺术界联合会　苏州市民间文艺家协会
出版发行：古吴轩出版社
　　　　　地址：苏州市十梓街458号　　邮编：215006
　　　　　电话：0512-65233679　　　　传真：0512-65220750
出 版 人：尹剑峰
印　　刷：苏州市越洋印刷有限公司
开　　本：700×1000　1/16
印　　张：13
版　　次：2019年12月第1版　第1次印刷
书　　号：ISBN 978-7-5546-1503-4
定　　价：66.00元

如有印装质量问题，请与印刷厂联系。0512-68180628

序

文／叶正亭

苏州是一座优秀的中国历史文化名城。说她优秀，是因为她有深厚的文化底蕴。这种文化孕育了多少中华英才，这种文化具象化成园林、建筑，气化成昆曲、评弹，物化成一件件"苏作""苏工"精品力作。

翻开中国的文化史、工艺史，有多少页写的是苏州，有多少艺术品冠之以"苏"字头、"吴"字头。刺绣叫"苏绣"，玉雕称"苏作"，明代家具谓"苏工"，裱画为"苏裱"，灯彩是"苏灯"，吴门画派、吴门印派、吴门书派、吴门医派……历史上的苏州人创造了那么多辉煌的文化、经典的工艺。苏州这座城，最优秀的是人，是才华横溢的英才，是心灵手巧的工匠，他们把"苏"擦得铮亮，他们让"吴"流芳百世。

历史是一代一代的人创造的。话说"苏作""苏工"，人们似乎更多地追忆蒯祥、陆子冈、沈寿的风采，那些似乎是明代的骄傲、清代的辉煌。其实不然，苏州文化人、苏州工匠们，没有在前人的功劳簿上"睡大觉"，他们站在前人肩膀上，站得更高，看得更远，做得更实。他们把带有时代印记的作品留在了中华大地，甚至走出国门，把中华文化传播到世界各地。

新中国诞生后，党的阳光雨露滋养起来的一代苏州工匠做得怎么样？历史将追问于此，我们民间文艺家协会有责任将此记录。

为当代苏州的民间文艺家做记录，这是本届苏州市民间文艺家协会要做的一件实事工程，经过了两年筹备，花了三年时间完成。本书所记录对象由苏州大市范围内中国民间文艺山花奖（以下简称山花奖）获得者、国家级非物质文化遗产代表性项目（以下简称国家级非遗项目）代表性传承人、中国工艺美术大师以及部分在各领域内具有代表性或有杰出贡献的江苏省非物质文化遗产代表性项目（以下简称省级非遗项目）代表性传承人、江苏省工艺美术大师、中国民间文艺家协会会员组成，共录选一百位有一定代表性的苏州民间文艺家。门类涉及织绣、雕刻、苏派盆景、苏灯、苏裱、苏作家具、苏扇、桃花坞木版年画、御窑金砖、剧装戏具、剪纸、金银首饰、麦秸画等三十余个艺种。本书的记录任务由本届苏州市民间文艺家协会主席团成员亲自担纲，成员与录选对象一一对接，以问答形式，让每位入选者直接讲述各自从艺起点、师承关系、从事艺种的历史及在苏州的传承发展与创新。初稿完成后聘请本会顾问张雷老师统稿润色。本书的文稿可读性较强，部分精美图片由祁金平拍摄提供。

这是一项开创性工作，由于我们水平不一，书中难免存在种种瑕疵，或者还有不少谬误，敬请广大读者，尤其是苏州的民间文艺家们见谅！

目录

顾文霞（国家级非遗苏绣）

代表性传承人

钟爱苏绣的艺术大师

——对话国家级非遗苏绣代表性传承人顾文霞

文/龚平

龚：顾老师好！您以苏绣传承为自己终生的事业，请谈谈您是怎么入这一行的。

顾：我是1931年3月出生在吴县木渎镇的，14岁开始跟随母亲学刺绣。1954年8月，参加苏州市文联刺绣小组，后来这个小组就发展为苏州刺绣研究所。1965年起，先后担任苏州刺绣研究所副所长、所长兼总工艺师。1986年，创建中国苏绣艺术博物馆并担任馆长。1999年从苏州刺绣研究所退休，后建立了顾文霞大师工作室。

龚：您是苏绣发展史上的代表性人物，也是新中国成立初期这一代刺绣工作者中的佼佼者。请谈谈您的传承谱系。

顾：我从1954年起向金静芬老师学艺，一直延续到1965年。我们既是师徒，也是同事。金静芬老师的作品，题材十分广泛，有花鸟、人物、山水等，她以古今人物见长。早在1910年的南洋劝业会上，她的作品《水墨苍松》就获得了优等

顾文霞，女。1931 年生，苏州人。研究员级高级工艺美术师、中国工艺美术大师。擅长绣小猫、金鱼和花鸟。双面绣花猫戏蚱蜢，现收藏在中国工艺美术馆的珍宝馆。复制的『万历帝衮服』，荣获中国工艺美术百花奖金杯奖。20 世纪 50 年代受到毛泽东和刘少奇的亲切接见。曾任苏州刺绣研究所总工艺师、中国苏绣艺术博物馆馆长。享受国务院批准的政府特殊津贴。2001 年建立顾文霞大师工作室。2007 年被认定为第一批国家级非物质文化遗产代表性项目（苏绣）代表性传承人。

奖；1915 年，在美国旧金山巴拿马—太平洋国际博览会上作品《拿破仑像》又荣获青铜奖。金静芬老师桃李满天下，有 3000 多名学生。我跟她学艺时，她已年逾七旬了。当时跟随她学艺的还有李娥瑛和蒋雪英。

金静芬的老师是沈寿先师。沈寿是著名的苏绣艺术家，20 世纪初，她独创了"仿真绣"，1919 年就出版了中国历史上较完整的刺绣技法论著《雪宧绣谱》。1911 年，她的作品《意大利皇后爱丽娜像》作为国礼赠送意大利，曾轰动朝野。1915 年，作品《耶稣像》获得美国旧金山巴拿马—太平洋国际博览会一等大奖。因此，我的传承谱系十分清晰，我是沈寿先师的第三代传人。

1962 年，我收苏州刺绣研究所第一届专绣班毕业生余福臻为徒，现在她也是中国工艺美术大师了。后来她还带了李瑶华、蒋珏英、徐肖勤等徒弟。说起来，我还带过"洋徒弟"。1969 年，我受国家派遣，作为工艺专家组组长和苏绣导师，去阿尔巴尼亚地拉那工艺厂传授苏绣技艺一年，共教了五名弟子，到我离开时她们都已能独立绣制双面绣了。退休后，我的大师工作室与吴中区妇联组织的"双学双比"科技结对活动中，我收高美玲为"帮教弟子"；2004 年，正式收高美玲、范月花、尤小英为弟子。

龚：您为苏绣的传承、发展和创新做出了卓越贡献，但您一直都非常低调。

顾：作为新中国培养的刺绣工作者，我们的职责就是要做好苏绣的传承和传播，发展和创新。现在不是说要"不忘初心"么！我是党培养的第一代绣娘，就要兢兢业业做好自己本职工作。记得刚进苏州市文联刺绣小组时，我就与同事合作绣制了花卉挂屏和"花鸟蝴蝶"等艺术作品，复制了清代单面屏条。20世纪五六十年代，我先后为上海博物馆和北京故宫博物院复制馆藏明代韩希孟珍品册页《花卉》《扁豆蜻蜓图》《鹁鸟图》。60年代初，在对双面绣《小猫》与《金鱼》的创作研究中，用纱作"金鱼"底料获得成功。1971年，赶制完成我国赠送联合国礼品"白孔雀"绣屏。1977年，主持大型壁挂《松梅颂》研制工作，以10多种不同的戳纱纹样绣制，赋予作品新意。1979年，将研发成功的孔雀羽线工艺用于开拓新绣品，并运用于"万历帝衮服""孝靖皇后百子衣"的文物复制中，首创以孔雀羽绒、缂丝研制"万历帝衮服"，起到了乱真的效果，恢复了失传四百多年的古技。后来，把孔雀羽绒移植到缂制双面缂丝台屏上也取得成功，孔雀羽绒绣制《团龙》《双龙戏珠》成为我的独创产品。20世纪80年代，我重点负责新品开发，试制了一批刺绣与缂丝、蓝印花布相结合的产品，现在可称为"文创"产品。1992年，我依照明清"龙"的造型设计绣制了三异绣《双龙戏珠》。到了90年代，我先后主持指导了《八十七神仙卷》、清代"十二条寿屏"、长卷《姑苏繁华图》《孙子兵法图》和《秦淮胜迹图》等的研究制作或复制工作。从2003年到现在，我还为故宫博物院修复、复制一大批刺绣文物。

龚：您的代表作品很多，特别是双面绣的猫和金鱼，给我们几代人都留下了深刻印象。大家都很想听听您谈谈这方面的情况。

顾：我比较擅长刺绣猫、金鱼和花鸟，以针代笔，来把这些小猫、金鱼绣得活灵活现、惟妙惟肖。作品题材多数以猫、金鱼和花卉为

《揽镜自照》

主，代表作品有《小猫》《白猫戏螳螂》《花猫戏蚱蜢》等，被多家博物馆、美术馆所收藏。1962 年，我与王宝珍合作绣制的双面双层纱底《金鱼》就荣获苏州市工艺系统创新三等奖；1982 年，主持研究的"有机硅在刺绣作品上的运用"项目获苏州市科技进步三等奖。特别是我在 1981 年 11 月，主持了"万历帝衮服"和"孝靖皇后百子衣"的复制工作，运用了孔雀羽绒进行制作和配色，到了乱真境界，恢复了失传四百多年的古技。经市科委、定陵博物馆及有关专家鉴定，结论是：复制成功，效果良好。1984 年，成功复制的刺绣文物"万历帝衮服"获中国工艺美术百花奖金杯奖；复制的"孝靖皇后百子衣"获苏州市科技进步三等奖。

龚：您这一辈子都在做好传承弘扬苏绣这个事业，得到了党和人民的充分肯定，获得了许多荣誉。

顾：我做的工作还不够，而党和人民却给了我许多荣誉。我先后在 1957 年和 1959 年分别受到毛泽东主席和刘少奇主席的亲切接见，并连续当选为全国政协第六、七、八届委员。我是研究员级高级工艺美术师。1988 年，被授予中国工艺美术大师称号；1995 年，享受国务院政府特殊津贴；2005 年，被中国工艺美术学会授予中国工艺美术终身成就奖；2007 年，被认定为第一批国家级非遗项目（苏绣）代表性传承人；2008 年，被世界手工艺理事会评为亚太地区手工艺大师。

龚：最后，请您谈谈这几十年来您在苏绣传承传播方面还留下哪些文字资料？

顾：留下了一些文字资料，但不多。大致是技艺传承资料和传播宣传资料。

在技艺传承资料方面，早在 1955 年，我就接受中央手工业管理局下达的传艺任务，撰写《苏绣针法的种类和绣制方法》，被翻译成俄文后转给苏联作为乌克兰集体农庄的文化交流资料。1964 年，我总结编写了"金鱼""小猫"技法，编入李娥瑛主编的《苏

《玳瑁猫》

绣技法》一书中。1969年，我被派遣到阿尔巴尼亚地拉那工艺厂传授苏绣技艺时编写了"苏绣基本针法及双面绣教材"，后存于大使馆档案室。1979年6月，我主持举办了苏州刺绣研究所第三届刺绣专修班，制定了教育与生产劳动相结合的教育方案。经过专业传授、生产实践、择优选拔，青年学员进步很快。实习产品与旅游产品相结合，既出产品成果，又培养了人才。1981年，当时的办学方案经市劳动局认可后，被省、市广播电台专题报道。1990年，应聘任国家文物局织绣陶瓷文物鉴定培训班指导老师，执笔编写《鉴定织绣文物浅见》讲义等。

在传播宣传资料方面，1956年9月，作为新中国成立后宣传苏绣的首批出国人员，我赴英国伦敦参加国际手工艺品及家庭爱好者展览会，在会上现场进行刺绣技艺表演，为期2个月。回国后我在《新苏州报》连续发表了15篇《伦敦来信》报道；1956年10月30日，撰写的《中国刺绣的荣誉》文章，发表在上海《青年报》。我从20世纪60年代初致力于双面绣《小猫》的研究：1961年11月，我撰写的文章《把小猫绣得更活泼》发表在《苏州报》；1979年，撰写的《苏绣小猫》文章，发表在《中国妇女》（英文版）杂志第5期。

活跃在苏绣事业第一线

——对话国家级非遗苏绣代表性传承人蒋雪英

文／龚平

龚：蒋老师好！我很钦佩您八旬高龄还活跃在苏绣事业第一线，可以说，刺绣伴随了您的一生。

蒋：我于1933年10月出生在苏州郊区。自幼受家庭环境的熏陶，我读小学时就跟堂姐学刺绣。初中毕业后，在家做刺绣还兼任了红湖乡妇女主任。1954年10月，参加了苏州市文联举办的刺绣培训班，学做散套针法。1955年，回到郊区善桥供销社刺绣部，一边学习绣品发放、配线，一边还下乡辅导刺绣。1956年，进入苏州刺绣工艺美术生产合作社，合作社后来发展为苏州刺绣研究所，曾担任团支部书记、实验工场主任、刺绣专修班教师等。1970年，我调到吴县刺绣总厂工作，先后担任胥口刺绣站负责人、设计组负责人、生产科长、研究所副所长、总厂副厂长兼和服分厂厂长，分管技术、生产等业务。2003年，企业改制后，我任苏州蒋雪英刺绣有限责任公司董事长兼总经理。2018年，我的工作室被江苏省人力资源和社会保障厅评为江苏省乡土人才技能大师工作室。

蒋雪英，女。1933年生，苏州人。高级工艺美术师，中国工艺美术大师。研制的苏州刺绣和服腰带在日本享有很高声誉，『七鹤礼服』荣获大奖，被日本著名影星山口百惠选为结婚礼服。刺绣和服『狮子留袖』深受日本天皇女儿青睐而珍藏宫中。在日本享有『人间国宝』之盛誉，作品被誉为『蒋氏刺绣』。2003年建立苏州蒋雪英刺绣有限责任公司。2012年被认定为第四批国家级非物质文化遗产代表性项目（苏绣）代表性传承人。

龚：请谈谈您的刺绣师承关系和现在的苏绣传承工作。

蒋：1954年，进刺绣培训班学习时，我师从朱凤老师。1956年，调到苏州刺绣工艺美术生产合作社后，得到了李娥瑛老师的指导以及金静芬、朱凤和傅元忠等老师的指点，刺绣技艺得到明显提高。在苏州刺绣研究所工作期间，我对刺绣艺术发展做了承前启后的工作。我先后担任南京艺术学院织绣班前来研究所实习的培训教师和本所两期刺绣专修班的任课教师。本所两期专修班共有108名学员，其中有的后来成长为研究所骨干。调到吴县刺绣总厂后，我结合新品研发，用滚雪球的办法在厂内逐步培养出50多名技术管理人员，绣制人员的数量也从20多名发展至上万名。2008年，我的大师工作室在高新区通安镇金墅创建了刺绣基地，着重于刺绣技艺人员的培养。2009年，我受苏州技师学院的聘请，开设传统工艺传承班，兼任2010—2016届刺绣指导老师，培养苏绣技艺新生代人才。同时，我还担任了苏州市田家炳实验初中"姑苏吴文化传统工艺"兴趣班的刺绣教师，做好"刺绣进校园"的非遗传承工作。

龚：您既善于绣制欣赏品，又擅长绣制日用品，特别是您长期与日本客户合作，作品被冠以"蒋氏刺绣"，您本人在日本享有"人间

《腾龙》

国宝"之誉，在传播苏绣艺术方面做出很大贡献。

蒋：我早年曾得到多位刺绣老师的指教，领悟了苏绣中"精细雅洁"
的独特风格，并熟悉了苏绣中的各种针法技艺。在长期的生产实
践中，掌握苏绣针法技艺的灵活变化，根据表现对象的不同，把
苏绣技艺恰当地运用到绣品制作之中。20 世纪 70 年代，我调到
吴县刺绣总厂，就主持开发了当时的新品种"刺绣和服腰带"，还
引入日本的刺绣针法和绣制台布中运用的抽拉刁针法，把苏绣技
艺巧妙地在绣品中得到发挥。因为与日本客户长期合作，我曾 50
多次东渡日本，走遍了日本各个城市。通过举办"蒋雪英的世界
展"等交流活动，苏绣艺术为日本民众所赞誉。日本著名影星山
口百惠穿了我厂刺绣的结婚礼服，在日本年轻人中引起轰动，当
时一下子就紧跟来 48 件同款同色礼服的订单。

龚：请谈谈您的作品和获得的荣誉。

蒋：我在单位工作期间，参与刺绣的作品曾荣获中国工艺美术百花
奖；1992 年，我研制的"苏绣缀锦泊"分别荣获省科技进步四等
奖和市科技进步三等奖；2001 年，绣品《东方曙光》和《水墨葡
萄》在第三届中国工艺美术精品博览会上，分别荣获金奖和银奖；
刺绣作品《云龙》和《晓马》在全国工艺美术大展和苏州市工艺
美术大展上，均荣获银奖。我的刺绣制品多次被评为省优质产品，
其中"打籽袋带"获原经贸部颁发的优质荣誉证书；开发的刺绣和
服腰带作品"狮子留袖"在日本展出中获大奖；真金线绣的"仙
鹤和服"被日本天皇家属珍藏。我们所研制的日本风景巨幅刺绣
《上高地》《日本金阁寺》《姬路城》等作品都被日本、中国香港等
刺绣爱好者所收藏，还有多件作品被日本知名人士收购珍藏。

1993 年，我被授予中国工艺美术大师称号；2005 年，我被中国
工艺美术学会授予中国工艺美术终身成就奖；2012 年，我被认
定为第四批国家级非遗项目（苏绣）代表性传承人；我还被授予
全国三八红旗手、省劳动模范等荣誉称号，并曾得到多位党和国
家领导人的接见。

龚：请谈谈您最近编制的《苏绣常用针法实样汇编》这本书。

蒋：在苏绣历史发展中，一代又一代绣娘创造了几十种刺绣针法。清
末沈寿和张謇编著的《雪宧绣谱》有 18 种针法；1957 年，朱凤
编著的《中国刺绣技法研究》汇编了 1949 年以前的 13 类 44 种
针法；1965 年，李娥瑛主编的《苏绣技法》汇聚了传统针法和创
新针法 47 种。

2015 年，我受苏州市非遗保护管理办公室委托，携手我们公司
员工编制了《苏绣常用针法实样汇编》。这本书由上中下三个分
册组成，共有 60 种传统刺绣针法，包括 10 种针法分解，共 70
页。第一分册有 24 页，包括 18 种针法，有 6 种针法分解；第二
分册有 24 页，包括 22 种针法，有 2 种针法分解；第三分册有 22
页，包括 20 种针法，有 2 种针法分解。这本书的特点：一是全
面反映了刺绣针法在当代的发展，不仅常用针法齐全，而且兼贯
中外，既包含适合国内需求的刺绣欣赏品、刺绣日用品及装饰图
案的各种针法，也有适合国外服饰和日用品的多种针法，还有平

《东方明珠》

细绣、乱针绣、十字绣、戳纱、网绣、盘金绣，以及抽、拉、雕等各种针法的施针步骤，包罗了苏绣各种题材内容、各种形式及装饰的针法技巧；二是以一页展示一种刺绣针法、手绣实样的方式做详细介绍，既有运针示例，又有针法特点、运针方法及特定用途的说明，易学易懂，帮助学艺者理解掌握；三是手绣实样精美细致，运针方法一目了然，文字介绍也简明扼要，具有很强的针对性、示范性。

龚：这本书集中了您半个多世纪以来的刺绣实践积累，也汇聚了历代刺绣针法的精粹，对刺绣学艺者或实践者全面掌握、灵活运用各种针法，完美地表现各种物象、形象或图案都有很多帮助，可喜可贺！

蒋：过奖了。不忘初心，我还要不断学习，为苏绣艺术的传承、创新做出自己应有的贡献！

王祖识（省级非遗苏绣）

代表性传承人

苏绣伴我度一生

——对话省级非遗苏绣代表性传承人王祖识

文/怀念

怀：王老师好，请您说说是从什么时候开始学习刺绣的？

王：我是 1933 年 8 月出生在苏州市木渎镇南街的。我的刺绣是跟大阿姐王霞（婚后改男方的姓，称吴霞）学的。

怀：除了您大阿姐是您的刺绣启蒙老师外，您后来有没有向别的老师学过刺绣？

王：1954 年 4 月 22 日，我进苏州市文联刺绣小组。7 月 1 日，到绣线巷上班，我绣了几块双面绣围巾后，朱凤要我做双面绣花卉，并教我做散套针双面绣，也就是后来的活猫套。散套针双面绣是一批批加上去镶色的，分线条深浅、粗细的，因散套针藏针，所以花绣得平齐。这让我的双面绣技艺提高了许多。1955 年，由朱凤领衔绣一幅约高 1.5 米、宽 0.65 米的双面绣《五彩牡丹》，朱凤指导我首先要找准花朵的中心，丝理均按中心转折，并给我画了丝理。我在一朵紫红花上试绣，排针既不能太紧，也不能太稀，

《梅花鹦鹉》

丝理要求和顺，反面针眼不能显露。当时我感到非常新鲜，十分喜爱。由于作品幅面大，我绣好半朵牡丹后，朱凤又安排李娥瑛、蔡文华与我一起绣。经过四个月的努力，第一幅双面绣《五彩牡丹》完工。

文联刺绣小组里有朱凤、任嘒閒、周巽先等指导，有姐妹共同切磋技艺，还有当时中央美术学院教授柴扉、程尚仁以及苏州著名画家经常来指导并点评技艺。每次我都认真听，记笔记，不断领悟，技艺有很大提高。后来在苏州刺绣研究所，画家徐绍青、施仁也分别给我们上课，这对我们刺绣技艺的提升有很大帮助。我在那里如鱼得水，刺绣技艺进步很快。

怀：后来您在苏州怎么成长发展起来的？

王：1956 年 2 月，组织上安排我领衔绣的第一幅双面绣《五彩牡丹》中堂台屏，在南京举办的江苏省手工业展览会上，获一等奖，同时我被评为江苏省社会主义建设积极分子。同年 3 月 6 日，《新华日报》发表宗亚杰文章《刺绣能手王祖识》，还刊登了陈之佛教授与我交谈的照片。后来，我一直在苏州刺绣研究所工作，长期在针法研究室、刺绣工场担任技术指导员。

王祖识，女。1933年生，苏州人。高级工艺美术师、江苏省工艺美术大师，擅长双面绣花鸟、小猫和人物肖像。代表作品有五彩牡丹中堂、双面绣双猫嬉戏图，双面三异绣梅花鹦鹉，肖像绣西哈努克亲王和夫人、莫尼克公主等。现任苏州任嘤闻刺绣艺术发展有限公司艺术副总监。2008年被认定为第二批江苏省非物质文化遗产代表性项目（苏绣）代表性传承人。

我最初是开发推广双面绣猫和花鸟。1956年，我研究试绣成第一幅双面绣《小黄猫》，绣猫技术又提高了一步。随后，苏州刺绣研究所成立双面绣8人小组（李娥瑛、王祖识、蔡文华、王荣珍、顾文霞、王宝珍、徐素珍、吴玉英）。我和李娥瑛又大胆地承担起尝试用双面绣绣鸟的任务。绣鸟和绣其他作品不同，因为鸟有羽毛，要使绣出的鸟逼真，就必须进行羽毛"施理"，我和李娥瑛经过多次反复探索试验才成功。后来，我又陆续研究绣制了一批双面绣小猫作品，其中有《波斯猫》《拉毛猫》《红底石头猫》《头发猫》等。1959年，绣制双面绣《荷花翠鸟》《石榴花白鸡》。1960年，合作绣大幅双面绣《松龄鹤寿》，陈列在人民大会堂；还创新了双面绣《松鼠葡萄》作品。1962年，为配合李娥瑛"针法汇编"工作，我编写了"鸡毛针""辫子股""编针""网绣""格锦"等针法。1964年，先后主绣了《开国大典》《临去秋波那一转》作品。尤其在肖像绣方面，我开始成为熟手。我先后绣制了《毛主席像》数幅，在大型现实题材作品《工人阶级领导一切》（合作）中主绣毛主席像，又绣制了《南京长江大桥》《金沙江》《成昆铁路》《庐山仙人洞》和《王铁人》等作品。"文革"后期，我又主绣《西哈努克亲王和夫人》（合作）、《毛主

《一鹭莲升》

席与农民谈话》《彩孔雀牡丹花》《白孔雀牡丹》等；绣制乱针绣
《小女孩穿针引线》、双面绣《油画猫头》《钢铁工人头像》等。
1969 年后，先后创作绣制世界名画《西丹兰小姐》《丝路花雨反
弹琵琶》。双面绣《双猫嬉戏图》在 1981 年全国旅游工艺品评比
中被评为优秀作品。受中国苏绣艺术博物馆等单位委托，指导绣

制了《姑苏繁华图》《日本天皇全家像》等著名绣品，这些绣品在国内外获得好评。1986年，绣成世界名画《小男孩》等。

1987年，我到了退休年龄，被单位留用，又工作了3年。1988年开始，在中国苏绣艺术博物馆指导绣制了《红楼梦十二金钗》屏风、《蒙娜丽莎》《姑苏繁华图》《秦皇胜迹图》《清明上河图》《孙中山与宋庆龄结婚像》等。

1990年，正式退休回家，但退而不休，比上班还忙。前后有十几位镇湖绣女拜我为师，除了在家教刺绣，我还特在南门外租房作为临时刺绣工场，兼作教刺绣场所。并带徒严美华、高美玲等做蒋雪英交托的刺绣作品，同时我还应邀到镇湖，现场指导刺绣。

苏州任嘒閒刺绣艺术发展有限公司成立后，我受任为艺术副总监，学徒从最初仅姚梅英等五六人（原来跟我绣的学生），逐渐发展至50余人，学生们绣制的作品有花鸟、山水、人物、字画，均由我指导和总检，其中明仇英画的《玉洞仙源图》被绣得主次分明，疏密有致，浓淡合度。

怀：您从事刺绣事业的传承、发展、创新的主要业绩与重大贡献，请选择要点谈一下。

王：1961年，在苏州刺绣研究所工作时就开始带学生，先后有何晓、叶素珍、陆巧玲、施怡等为正式学生，其他指导过的学生就更多了。20世纪80年代，镇湖刺绣迅速发展，绣女们渴望得到技艺指导。我在镇湖开办刺绣工作室后，正式拜我为师的学生先后有姚梅英、钱建琴、卢福英、王建琴、蔡梅英、倪雪娟、卢梅红、邹英姿、姚红英、陈红英。以上10位学生绣制的作品均在国内外各地展出，并先后获得了各级的奖项，她们已成为镇湖刺绣行业中一支中坚力量。只要是真心想学的人我都收，而且我不收一分钱，完全免费义务指导，尽心尽力，甚至为学生供应三餐，提供住宿，哪怕人多同挤一床睡都可以。还有外地学生，如1963年，杭州工艺美术学校鲁丽官、陈水琴、赵寿荣来研究所学习半年，领导安排我教人物、猫、花鸟绣。后来这批学生陆续为杭州工艺美术研究所做刺绣指导，双面异色异样绣《果盘与花篮》等作品都出自她们之手。

多年来，我潜心进行技艺指导，包括形体、线色、针法等方面，经我指导的产品不计其数，其中难度较高的作品：长卷类有《八十七神仙卷》《群仙祝寿图》《一百罗汉图》《维摩演教图》等，肖像类有《孙中山和宋庆龄结婚像》《马来西亚总理夫妇像》《日本天皇全家像》等。另外，1967 年，我还创新了双面绣《杨子荣》台屏；1981 年，创作第一幅花鸟双面三异绣《梅花鹦鹉》等。

怀：王老师，能否请您具体谈谈您的获奖作品。

王：1956 年，我领衔创绣的第一幅散套双面绣作品《五彩牡丹》中堂台屏，荣获江苏省手工业展览会一等奖；1982 年，双面三异环形绣《梅花鹦鹉》获得中国工艺美术百花奖金杯奖，这幅作品后在日本展出时被日本北海道旭川市优佳良织工艺馆作为精品永久性收藏；1999 年，绣制的《百子图》长卷，被中国台湾凤甲美术馆收藏；还有我在苏州任嘒閒刺绣艺术发展有限公司指导的《清明上河图》《秋色佳》《琵琶行》《玉洞仙源图》等 30 多幅刺绣作品，曾先后赴日本、韩国、乌克兰、俄罗斯、法国、波兰、美国等国和中国香港地区展出。

此外，任嘒閒晚年决定创造刺绣版《清明上河图》《姑苏繁华图》《百骏图》和《富春山居图》四幅绝世之作，我担任艺术指导和质量总监。尤其《富春山居图》是一幅具有极高历史价值的代表作品，整幅绣卷与画家丹青笔墨不一样的是，丝线绣出的《富春山居图》多了几分线光绣色立体感，这是对画作影印件的"二次创作"，凝聚了任大师和全体参与者的心力。我对自己能担任这幅巨制的技艺指导并参与刺绣而感到欣慰，刺绣完成于 2003 年 3 月，可惜任嘒閒大师在此前一个月去世了。

怀：最后请您列出所获职称、荣誉称号、非遗传承人的情况，好吗？

王：1956年，我被评为江苏省社会主义建设积极分子。1958年，当选为江苏省妇女代表大会代表。1980年后，我先后获工艺美术师、高级工艺美术师职称。2006年11月，菲律宾前总统阿罗约亲自颁发联合国"顾氏国际和平奖"，我是唯一获得国际和平奖的中国刺绣艺术大师。2008年2月，我被授予第四批江苏省工艺美术名人荣誉称号；11月，我被授予省级非遗项目（苏绣）代表性传承人荣誉称号。2011年11月，我被授予第五批江苏省工艺美术大师荣誉称号。2012年8月18日，我被授予中国刺绣艺术大师荣誉称号。2018年，业绩被收录入《中国工匠大典》。后由江苏省民间文艺家协会、苏州市文联主办，苏州市民间文艺家协会、苏州丝绸博物馆承办"芬芳桃李——王祖识先生刺绣艺术师生展"；同时江苏凤凰出版社出版《芬芳桃李——王祖识先生苏绣艺术之路》一书，总结了我75年的刺绣业绩。

一生追求苏绣技艺
——对话国家级非遗苏绣代表性传承人张玉英

文/龚平

龚：张老师好！苏州市非遗馆筹备时我曾来您家征集作品《母子情深》。一晃三年过去了，今天想请您比较系统地谈一谈自己的苏绣生涯。

张：我是1935年出生的，今年84岁了。从1955年20岁时进苏州刺绣工艺美术生产合作社学习刺绣，60多年来一直与绣绷打交道。苏州刺绣工艺美术生产合作社后来发展为苏州刺绣研究所，1964年后我担任技术指导，直到1995年退休。退休后，我依旧针不离手，人不离绷，继续从事自己一生追求和喜欢的刺绣事业，不断培育新人，让这门艺术一代一代传下去。

龚：那您的师承关系是怎样的呢？

张：我的老师先后有朱凤、李娥瑛和任嘒閒。朱凤老师传统绣、乱针绣都能绣，色彩把握得特别好；李娥瑛老师主要教传统绣花；任嘒閒老师则是教虚实针人像。这三位老师分别师承首创乱针绣的杨守玉大师以及开创仿真绣的沈寿大师。
我从1982年起陆续收徒，当年收了苏州刺绣研

《孕育圣经》

究所的黄南萍、吴曦和钱晓梅三人；1995 年，收了镇湖的马惠红、顾建良和周海云三人；后来，又收了苏秀珍、丁玲娟、郁月红等徒弟。周海云是众多镇湖学生中的佼佼者，她创立的云帆苏绣艺术馆，成为苏州大学的学生实验基地。她的作品在国家、江苏省和苏州市各级工艺美术精品展和国际艺术精品博览会等赛事中获奖。四年前，我受聘为镇湖的苏州独绣古今刺绣文化有限

张玉英，女。1935年出生，苏州人。中国工艺美术大师。长期从事刺绣艺术，师从刺绣大师任嘒闲，学习乱针绣。擅长乱针绣肖像，绣制的山水、花鸟、风景亦精细雅洁，美不胜收。代表作品有《82+1、萨马兰奇先生等。1997年指导绣制的大型刺绣归程作为江苏省人民政府庆祝香港回归的礼品，现存放在香港博物馆。2012年被认定为第四批国家级非物质文化遗产代表性项目（苏绣）代表性传承人。

公司艺术指导，倾心指导学生完成了历史长卷《清明上河图》和《姑苏繁华图》。

我不但无私传艺，还把这门传统艺术传播到国外。每年都有英国、澳大利亚和美国等国的女士慕名前来，向我学习刺绣。

龚：您最擅长的是人物绣，而且能把每个细节都绣得栩栩如生。

张：这也有个过程。20世纪70年代之前，我的绣品还是以传统花鸟、风景为主的；80年代起，我主要从事以乱针绣为主的人物肖像绣。我所擅长的乱针绣线条组织结构与其他任何针法都不同，主要是以线条交叉的形式来表现绣面，大致又可分为大乱针和小乱针。大乱针，就是常称的乱针；小乱针，也叫三角针。因此，在着手绣一幅作品之前，要充分认识绣稿上各种物象的形态、色泽和质感，合理地运针、施色，采用交叉不同线条，来表达绣面的远近层次和立体效果。我总结了单面乱针绣人像的技艺特点，并将其运用到绣制双面人物绣；后来，又从双面异色动物绣突破来绣制双面不同的人物，这是刺绣技艺新的尝试。在几十年的刺绣过程中，我研究和运用了不同的乱针绣法，绣品粗细线条相互依衬，虚实中显立体，细乱中显主题，有所突破，有所创新。所以，我不断有新作品问世。

《圣母像》

龚：请谈谈您的刺绣作品。

张：我的双面绣《林间百鸟》于 1982 年参加百花奖评选并获奖，作品运用乱针绣的灵活针法，表现了自然界小鸟的千姿百态，树干采用两种不同的色线拼革而绣制。这之后，我又有发展突破，以乱针绣的不同绣法来绣制人物。在苏州刺绣研究所工作期间，我绣制了不少人物肖像。1981 年，我绣制了双面异色肖像绣《查尔斯》，作为英国王子查尔斯与王妃戴安娜婚礼的礼品；1989 年，我绣制的表现邓小平同志的作品《82＋1》，被人民大会堂展示收藏；肖像绣《萨马兰奇先生》在 1990 年我国举办的亚运会上作为国礼赠送给这位国际奥委会主席；1990 年，阿拉伯联合酋长国总统来访，我的作品《阿联酋酋长》作为国礼赠送给来宾。在苏州刺绣研究所工作期间，我还完成了《池田夫妇》（日本知名人士）、《摩洛哥国王》等肖像绣作品。特别是伟人邓小平《82＋1》肖像绣，这是我 30 多年来在人物绣制过程中，将传统的乱针绣针法加以发挥，选用柔和色线，运用粗细结合、虚实结合的手法精心绣制而成，可以说是我刺绣生涯中的力作，这幅佳作曾多次刊登在各类报刊上。

1997 年香港回归之时，我已 62 岁。已退休的我怀着对香港回归祖国的期盼，带领 6 名年轻学生前往南京，经过两个月日夜飞针走线，采用了上百种色线，运用了几十种乱针绣的针法，绣制完成大型风景绣品《归程》，作为江苏人民庆贺香港回归祖国的礼物。进入 21 世纪以后，2006 年，我绣制了中国工艺美术大师参选作品肖像绣《蒙娜丽莎》；2008 年，绣制了法国画家安格尔作品《圣母》；2009 年，绣制完成的乱针人物绣《邓小平和英国伊丽莎白女王》已被收藏家珍藏；2016 年，我的绣品《母子情深》被苏州市非物质文化遗产馆征集展示收藏。

龚：您这一辈子都兢兢业业在绣绷上穿针引线，一定获得了许多的荣誉。

张：感谢党和政府！ 2006 年，我被授予中国工艺美术大师称号；2012

年，被认定为第四批国家级非遗项目（苏绣）代表性传承人。我还曾被授予劳动模范称号。

龚：现在苏州市对非物质文化遗产项目代表性传承人实行了荣誉传承人制度。您有什么看法？

张：苏州出台荣誉传承人制度很好。对年龄偏高，因身体状况丧失能力的代表性传承人，可经有关部门、单位或本人申请，通过考评委评定后，被认定为荣誉传承人。代表性传承人被列为荣誉传承人后，除了不再申请相应的传承活动经费、不再参加评估外，可仍享受相应的生活补助及相关保险待遇。政府和有关部门对我们这辈人是非常关心和爱护的。但是，我现在还离不开绣绷，离不开绣针。我每年都有计划，基本上天天都要上绣绷。前几天，有几位对传承人进行评估工作的专家专程来我家，见面后就说："张老师是我们这次评估的代表性传承人中年龄最大的一位！"我对他们说："我还没到'荣誉'的时候。"同时，我还参加了代表性传承人评估，申请了传承经费。

管佩英（省级非遗苏绣）

代表性传承人

绣苑精耕耘
—— 对话省级非遗苏绣代表性传承人管佩英

文／叶正亭

叶：管老师好，您是哪年起从事苏绣艺术的？

管：1956 年到 1965 年，我从事刺绣创作和指导工作。1966 年后，进苏州刺绣研究所工作，师从任嘒閒大师，学习乱针绣，后来从事刺绣创作和技术指导。1988 年，任苏州刺绣研究所乱针绣针法研究室副主任。2001 年后，一直在苏州任嘒閒刺绣艺术发展有限公司担任技艺指导及艺术副总监。

叶：管老师您擅长乱针绣肖像，多年来一定绣了不少好作品。

管：是的。我在任先生的精心教授下，的确绣制了不少好作品。先后绣制了乱针绣风景、静物、人物等一批刺绣艺术精品。如肖像绣《西哈努克亲王绣像》《金日成像》和《伊丽莎白女皇像》等，曾作为国家礼品；合作绣制了《开国大典》《江山如此多娇》《茂林鸟语》等绣品；独立完成了《日本老夫妇像》《澳门某夫人像》《金色的秋天》《日本富士山》《任嘒閒大师像》等，还指

管佩英，女。1939年生，苏州人。1966年调入苏州刺绣研究所乱针绣组工作，师从任嘒閒大师，学习乱针绣。擅长乱针绣肖像、风景。代表作品有西哈努克亲王绣像、金日成像，曾作为国家礼品。曾任苏州刺绣研究所乱针绣针法室研究室副主任，现任苏州任嘒閒刺绣艺术发展有限公司技艺指导和艺术副总监。2008年被认定为第二批江苏省非物质文化遗产代表性项目（苏绣）代表性传承人。

导绣制乱针绣《巴蒂斯达布道》《妇人与鸽子》（意大利贝利尼博物馆藏画）等作品。我在指导工作之余，绣制了《冷香红衣落》等作品。任艺术副总监后，对苏绣乱针绣技艺发展、推广做出了新贡献。

叶：请您谈谈从艺主要业绩和获奖作品。

管：我在苏州任嘒閒刺绣艺术发展有限公司任艺术副总监以后，先后参加了各级各类工艺美术精品展和文化交流活动。我的作品有《滩》《白鹭》《韵》《水乡十月》《竹韵》《秋林》《吹箫仕女》《圣母》《莫奈名作》《石魂》《金色的秋天》《德国牧羊犬》《双狮图》《大花猫》《兰花》《蝴蝶花》《秋游赤壁》和《哈巴狗》等，先后在日本、韩国、俄罗斯、乌克兰、美国、德国、芬兰、波兰、意大利、约旦、突尼斯、叙利亚、阿曼、土耳其等国家和中国香港地区展出，进行文化交流。

1992年，绣制的肖像绣《金日成像》作为国礼，并为朝鲜政府所收藏；2010年，乱针绣《妇人与鸽子》荣获江苏省艺博杯工艺美术精品展（以下简称艺博杯）铜奖；2011年，乱针绣作品《冷香红衣落》荣获首届中国（无锡）国际文化艺术博览会金奖；2012年，乱针绣《让世界充满爱》荣获中国（杭州）工艺美术

《西哈努克亲王绣像》

《任嘒閒大师像》

精品博览会银奖等。

叶：请介绍一下您指导学生绣制的国礼有哪些以及您的学生对当今
　　刺绣艺术传承与发展所做的贡献。

管：我先后指导学生创作的作品有乱针绣《长城》，作为国礼赠送给
　　捷克政府；乱针绣《约旦国王与王后绣像》，作为国礼赠送给约
　　旦王室；乱针绣《沙特国王绣像》，作为国礼赠送给沙特王室等。
　　学生王兰，现定居日本教授刺绣；学生赵承强系苏州刺绣研究所
　　乱针绣针法研究室技术骨干，曾赴澳大利亚进行刺绣表演、开展
　　文化交流；学生姚勤芳，现为苏州任嘒閒刺绣艺术发展有限公司
　　技术骨干，曾赴俄罗斯、博茨瓦纳、阿曼进行刺绣表演、开展文
　　化交流；还有学生司马建明，曾赴芬兰进行刺绣表演、开展文化
　　交流。他们都是当今刺绣艺术传承与发展的中坚力量。

《奇特的大拱廊》

发明『兔光T形针法』的人

——对话江苏省工艺美术大师顾金珍

文／龚平

龚：顾老师好！我有次去通安调研，才知道您是新中国成立初从通安走出来的绣娘。

顾：我是通安彭山村人，9岁就跟着母亲学绣帽顶花。当时，通安、光福这些乡镇都有放绣站。母亲从通安放绣站拿了原料回来，我伲娘两个就在家里绣被面、枕套和鞋面花等。1954年，苏州市文联刺绣小组到通安招收刺绣工人。那年我16岁，就被推荐参加了刺绣培训班，跟从刺绣名家朱凤和傅元忠学习散套、飞毛针等新针法。培训就在因果巷34号朱凤老师家里进行，朱老师讲解理论，傅老师传授具体操作。1955年初，我正式参加工作，在吴县工艺公司、手工业联社做刺绣试样工作。后我到苏州刺绣研究所针法研究室培训学习，得到任嘒閒、傅元忠和宋菊英等老师的艺术指导。1959年到1977年，我在吴县刺绣厂、刺绣总厂担任试样与艺术指导。还经常到木渎、光福、金墅、通安、东渚和镇湖等乡镇，辅导绣娘绣制和服腰带、西欧台布、仿古绣品和照相版风景画等。特别是1978年到

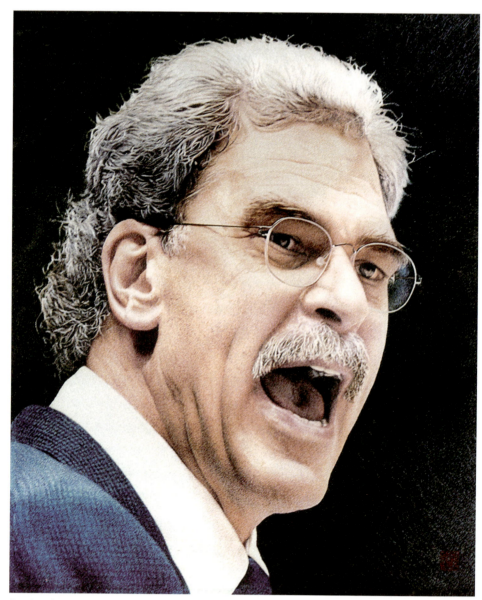

《杰克逊》

顾金珍，女。1938年生，苏州人。高级工艺美术师、江苏省工艺美术大师、苏州市民间工艺家。师从刺绣艺术家朱凤、傅元忠。从艺50多年。20世纪70年代首创"免光T形针法"，擅长肖像绣，代表作品有肖像绣毛主席在书房，国家礼品克林顿全家福、泰国国王全家等。被认定为第四批苏州市非物质文化遗产代表性项目（苏绣）代表性传承人。

1980年，几乎每天都从苏州市里乘公交车到镇湖中学校办厂、秀峰山刺绣厂和镇湖刺绣站去进行授课，传授散套、飞毛针等新针法。前后有200多名绣女参加培训，这些绣女后来成为镇湖刺绣业的中坚力量，使苏绣技艺代代相传。我退休后注重人物肖像绣的创作与研究工作，为培养下一代贡献自己的力量。

龚：请谈谈您的师承关系。

顾：从传承谱系来说，我的老师是朱凤和傅元忠。傅元忠也是师从朱凤的，而朱凤的老师是乱针绣创始人杨守玉。我自己也带了不少入室弟子，目前已经成为技艺骨干的有我的女儿唐叶红，还有龚雪芳、皋琴花、郁联瑛、蒋金娣等。

龚：您在苏绣传承发展方面最大的贡献，是创造了"免光T形针法"。

顾：20世纪70年代，我在实践中结合老师们的理论和技能，逐步摸索到一套自己的刺绣针法——"免光T形针法"。自1995年起，用"免光T形针法"绣人物肖像，解决了苏绣史上绣人物肖像一直未能解决的反光难题，此针法已取得了国家专利。

龚："免光 T 形针法"有什么特点?

顾："免光 T 形针法"有四个特点。一是"点彩绣用针":它由无数个"·"色线组成"T"字形,刺绣时用针角度为 80 度左右,既随意又有一定的规律。绣制作品时用色线少层或多层进行叠加,而且很有规律地层层叠加、层层套色,线与线的叠加透出线眼,使底下的线色与上面的线色自然融为一体,所以色彩特别丰富,与点彩绘画技法有异曲同工之处。二是"免光又有光":这是最重要的特点。刺绣用的是蚕丝线,本身就有特有的线光。但线光出现在人物面部时,有些角度就显得苍白而平板。"免光 T 形针法"则灵活运用好丝线光的发散原理,使线光为我所用,避免了这个问题。三是"形神兼备":运用"免光 T 形针法"自由又规则地施针,能让色线既聚合又发散,比较灵活地来处理好轮廓边缘的虚实、色彩晕色的轻和重。四是"色彩厚重丰富":"免光 T 形针法"自下而上使用由粗及细的线,由下而上几层至几十层地透出各种色彩,绣出的作品自然就非常有色彩感了。"免光 T 形针法"特别适合绣人物脸部大作品,施针的方向和叠加的操作使得造型非常稳定,不易变形,同时不失细腻感;让大件作品显得很大气、厚重,具有很强的视觉冲击力;使得肖像绣兼有油画的厚重感和摄影的细腻感,无论在造型上还是色彩表现力上都让肖像绣上了一个新高度。

龚:我在苏州工艺美术博物馆见到您绣的《毛主席在书房》,非常震撼。请谈谈您所获得的荣誉及您的获奖作品。

顾:这幅双面异色绣《毛主席在书房》,尺幅很大,有 2 米宽、1.6 米高,绣品两面图像相同,但颜色不同,一面是彩色的,另一面是黑白的。这幅绣品就是运用"免光 T 形针法"绣制的,从不同角度看人物面部没有反光,表情生动。2010 年,这幅作品获得了艺博杯银奖。早在 1962 年,我绣制的双面绣《小猫》就作为刘少奇主席和彭德怀出访的礼品;1998 年,创作的《克林顿全家福》作为国礼赠送给克林顿夫妇。1972 年,在枫桥指导绣的《花篮图》《枇杷杨梅图》分别参加中国工艺美术百花奖评比和全国旅游产品交易展览并获奖；我还有《猫与狗》《历史性一刻》《孙中山先生》《罗汉》《蒙娜丽莎》和为陈艳青、张军等 6 名世界冠军、奥运冠军绣制的肖像《精彩瞬间》等多幅作品，获得各类比赛的金、银、铜和精品奖。

吴
培瑾（常熟花边制作技艺）
高级工艺美术师

常熟花边设计回顾
——对话『抽纱设计』大师吴培瑾

文／吴建伟

吴：吴大师，常熟花边的艺术特点是什么？

吴（女）：常熟花边的艺术特点是图案装饰性强，原料色泽明快，针法丰富多变，色彩美丽典雅。常熟花边可分为雕绣、影绣、贴布、手编品与绣花混合四大类。雕绣类：针法以扣针为主，花纹绣好后将底料需镂空的部位雕去，使之镂空，图案形成虚实对比，富有立体感。除扣雕外，还结合刺绣的技法，绣出各式各样图案，清秀雅致，美不胜收。影绣类：在有透明度的原料上绣制，采用影子针（又名托地）结合包针、掺针、切针或贴花工艺，绣出的艺术效果既细腻雅致，又隐绰含蓄。贴布类：先用色布或薄纱按图案剪出各种形状贴在底料上，然后用扣针或珠宝针绣制，若在薄料上则以扦针或缂丝针绣牢。手编品与绣花混合类：手编制品有万缕丝、钩针、带子等。因万缕丝是用棉线在特定的牛皮纸上绣制而成，又称"纸上花边"，绣工精美细巧。常熟产的万缕丝，大多用于绣花

白棉布镶精纺色绣

白棉布镶吉代绣花边

产品上的点缀性镶嵌或圈子形镶边大套，钩针镶布具有玲珑剔透、虚实相映的艺术效果。

吴：请谈谈您的设计艺术生涯。

吴（女）：我于 1958 年进常熟花边厂工作，同年入选中央工艺美院图案班学习。1960 年回厂后，主要从事抽纱的图案设计，参与厂内各种新品的研发，设计新花样。1970 年，首先尝试以钩针圈子形式与绣花相结合的设计方案，画出"LOA／CT 64195 72×108-18"台布，出样后即获得客户包销。1982 年，苏州地区开展的 1979—1981 年度抽纱花样评比，新花样获得特等奖。有 46 只新花样成交，出运 31 万套（打），16 只被评为畅销花稿，6 只为优秀花稿。我自 1984 年担任花边研究所所长后，与团队合作完成了多项科研项目。我主持完成的"吉代绣花边""网绣花边"与"镶钩针连衣裙"，荣获 1985 年江苏省第四届轻工业优秀新产品称号；1989 年，我主持完成的"绣花相框"亦取得了一定的成效；1991 年设计的"A3534—3537"4 个花稿出样后，深受客户

吴培瑾，女。1942年生，苏州人。高级工艺美术师。曾在常熟花边厂工作。长期从事抽纱花边设计。代表作品有『绣花相框』『雕绣台布』『钩针镶布色绣台布』等，作品多次参加国内外展出并获奖。1986年与陶凤英、王更生编著了抽纱技艺一书。个人获得江苏省三八红旗手和新品开发先进个人荣誉称号。

好评，当年就成交了 7 万多套。40 多年来，我先后创作的花样有 700 多个，有 A1、A346、A870 等一批优秀畅销花稿，立足市场，经久不衰，为企业取得了显著的经济效益和社会效益。

吴：您在长期的工作实践中，十分注重对抽纱技艺的研究，写了不少学术文章。

吴（女）：我先后在《江苏工艺美术》、*HOME LINENS* 发表了《我国抽纱在日本市场》《常熟花边锦上添花》《常熟花边地方风格的探讨》等专业文章。就《对开发抽纱旅游礼品的探讨》一文，我还在全国旅游装饰研讨会上做了交流。1986 年，我与陶凤英、王更生编著的《抽纱技艺》由轻工业出版社出版。2005 年，我还参与编写了《中国传统工艺全集·丝绸织染》，其中第二十三章《抽纱制作工艺》由本人撰稿。此外，为培养新生力量，我与陶凤英合作编写了《花边图案设计》教材一册。我先后为江苏省抽纱设计培训班和花边厂设计人员培训班讲课传艺、指导作业。

张美芳（国家级非遗苏绣）

代表性传承人

苏绣传承　创新之美
——对话国家级非遗苏绣代表性传承人张美芳

文／叶正亭

叶：张大师好，请您谈谈师承关系。

张：1964年，我进入苏州刺绣研究所，比较系统地学习、研究传统的苏绣针法、技法，开启了献身苏绣艺术创新的历程。1972年，我进入针法研究室，师从任嘒闲老师，研究乱针绣的针法、技法。在针法研究室工作的这段经历，使我的职业生涯进入了另一个新阶段。

叶：您在长达五十余年之久的苏绣艺术生涯中，主持、研究及指导了哪些创新作品？

张：我参与绣制的《金丝猴与哈巴狗》被日本旭川优佳良织工艺馆作为永久收藏珍品。我先后主持、研制的有大型刺绣《彩墨荷塘》在香港"九七"回归时被外交部公署收藏陈列；大型刺绣《金色的秋天》《荷花》在澳门"九九"回归时被外交部公署收藏陈列；大型刺绣《兰花》被驻新加坡大使馆收藏陈列；刺绣精品《双燕》得到原作者著名画家吴冠中先生的高度赞赏和来信鼓励，该作品荣获 2000 年首届中国工艺美术大师作品暨工艺美术精品博览会金奖。2001 年，著名科学家李政道先生请我将他的一项"金核子对撞科学图像"用刺绣技艺来表达，对这一富有挑战的新项目，我着眼于刺绣用材的研究、攻关，圆满实现了李政道先生的构想，刺绣《金核子对撞科学图像》被李政道与吴冠中两位先生一致评定为"神品"。2008 年，该作品在中国传统工艺美术精品大展中被评为金奖，作品原件亦被中国科学院珍藏。我精心研制的刺绣"唐卡""敦煌"系列作品，其中打籽绣《敦煌藻井》等作品，均被中国工艺美术馆征集珍藏；以珍贵的古代丝织物"罗"为刺绣底料，研制的"敦煌服饰图案"被中国丝绸博物馆收藏；结合多种传统针法、技法研制的大型刺绣《西方净土变》被我国香港文化机构收藏；从工艺美术的"材美工巧"入手，在刺绣材料上进行研究、研制的刺绣《海棠图》，被中国工艺美术馆征集珍藏；我将传统刺绣技艺和现代艺术相结合进行尝试，研制美国艺术家的 *Graceful Branch Movement*，充分表现了刺绣作品全新的艺术效果；研制的刺绣"万花筒"精品系列，用传统技艺体现了现代美的艺术效果。这一系列的创新作品，在国内外展出，并产生了广泛的影响。自此，苏绣艺术创新成为我毕生追求的艺术目标。

叶：请您重点介绍一下苏绣艺术创新中心的由来和成立后您又是如何专事苏绣艺术创新工作的。

张：2006 是我人生的新起点。这年 11 月，由李政道先生亲自倡导并题词的"苏绣艺术创新中心"正式成立，我任该中心主任、艺术总监，专事苏绣艺术创新工作。由此，我的艺术人生进入了另一个新阶段。苏绣艺术创新中心成立后，我把主要精力投入到苏绣艺术的创新与突破上，致力于将传统的刺绣技艺与现代艺术及作品的呈现效果相结合。十多年来取得了一些成绩：一是主持研制了一系列"敦煌"作品。如《敦煌藻井》就是运用了古老的打籽绣针法精心绣制的精品，这幅作品用了三十多万粒籽，色线的丰

张美芳，女。1946 年生，苏州人。第四批国家级非物质文化遗产代表性项目（苏绣）代表性传承人，全国人民代表大会第六、七、八届代表，全国三八红旗手，享受国务院政府特殊津贴，第六届中国工艺美术大师评选活动的专家评委，原文化部中国艺术研究院工艺美术研究所客座研究员，中国艺术研究院研究生导师，中国工艺美术协会刺绣专业委员会委员，第二届中华非物质文化遗产传承人薪传奖获得者，曾先后任苏州刺绣研究所副所长、所长，现为江苏省苏州市苏绣艺术创新中心主任、艺术总监。

富性超过了以往传统打籽绣的作品。2010 年，在参加美国展览及文化部举办的中国非物质文化遗产博览会期间，此件作品给人以耳目一新的刺绣艺术体验，受到了广泛关注和高度赞扬。二是竭力提升作品艺术水准，努力创作传世精品。2014 年 12 月，中国当代工艺美术双年展在中国国家博物馆展出，苏绣艺术创新中心研制的《缤纷世界》等三幅刺绣精品参展。展览期间，专家对作品给予了高度评价，认为作品把传统工艺和现代艺术进行了很好的融合，带来了全新的视觉感受。2016 年，我领衔研制的法海寺壁画《帝释梵天图》以及《枯木逢春》等作品在第三届中国当代工艺美术双年展展出并获业界与社会的广泛好评，其中《帝释梵天图》耗时三年多，是我们精心绣制而成的。法海寺壁画创作于明代，距今已有近六百年历史，是宫廷画派十分重要的经典之作，在中国艺术史上享有重要的地位，而《帝释梵天图》又是法海寺壁画中的主题壁画。刺绣精品《帝释梵天图》充分发挥了刺绣技艺刻画生动、细致入微的特长，运用了散套、盘金、平套、反抢、施针、接针、衣线绣、鸡毛针、刻鳞、填高绣等数十种不同的针法、技法，表现了刺绣画面中神采多变的十九位人物形象和其各具特色的华美服饰，人物气宇轩昂，服饰纹样华贵典雅。通过色线色泽的微妙变化，完美地表达了作品行云流水、挥洒自

《枯木逢春》

如的艺术动感。我充分施展刺绣技艺线条、色彩、针法、技法，再现《帝释梵天图》的神韵，以刺绣艺术的再创作，保留我国悠久历史文化的精华。我在这幅刺绣精品的边框设计上也进行了全新的尝试，将刺绣针法中富于装饰美的戳纱针法，布施于画面的四周，并以金线勾勒，提升了整幅作品艺术欣赏的层次，丰富了绣作的韵律感、灵动感，使得整体作品的画面内容互相映衬、相得益彰。《枯木逢春》是与美国《国家地理杂志》亚洲首席艺术摄影家 Yamashita 合作研制的，艺术家 Yamashita 擅长以独特的视角，表现大自然的秀美景色，对细微处的刻画尤为生动。我在刺绣研制时，与 Yamashita 进行深入的研讨，在读懂对方艺术语言的前提下，我用刺绣技艺的多种针法、技法来表达作品。为表现树桩在水面上下的隐、显，以及枯木上新萌发的细枝嫩叶，我施用了散套、虚实针、擞和针、打籽针等多种针法，并运用异形丝，结合绣制，增加了作品的手工肌理的艺术效果，所以该作品是一幅对苏绣艺术的创新之作。作品呈现在原作者 Yamashita 面前时，他十分惊叹，对作品的成功表示由衷的赞赏。三是致力于苏绣乃至中国传统文化"走出去"。我以刺绣创新的精品为媒，广泛参与国际国内苏绣艺术交流合作。2008 年 9 月，我接受美国摄影艺术家 Robert 邀请，赴美国参加洛杉矶 G2 艺术馆举办的摄影艺术与刺绣艺术展览会，并受邀发言；2011 年 4 月 19 日，美国著名高等学府 UCLA（加州大学洛杉矶分校）考察团及其孔子学院来苏绣艺术创新中心考察，校长及夫人一行对苏绣艺术创新中心的苏绣精品赞不绝口；2011 年 6 月 20 日至 6 月 24 日，美国 Wesleyan（卫斯理）大学东亚文化博物馆馆长 Patrick 先生一行，来苏绣艺术创新中心实地调研中国刺绣文化历史沿革及发展，并达成选送苏绣艺术创新中心苏绣精品赴美展览的合作意向；2012 年 12 月 1 日，中国香港南莲园池举办"万古长新——中国当代苏州刺绣精品展"，这是苏绣艺术创新中心的一个独家展览，展出的苏绣精品被展览方全部收藏。四是致力于从理论角度全面总结提升古老苏绣艺术的研究水准与文化内涵，深入总结多年来从事苏

《红地荷花》

绣艺术创新的经验教训，并利用专业平台交流苏绣艺术创新研究

成果。2008 年 4 月，我应邀参加文化部、中国艺术研究院举办的

中国传统工艺美术保护与发展研讨会，并做题为"努力继承·坚

持创新"的专题演讲，受到与会者好评；2010 年，《辽宁省博物

馆馆刊》刊载了我撰写的《清代艺术家沈寿的刺绣风格及特点》；

2011 年 1 月 27 日，《光明日报》全文刊载了我就著名科学家、诺贝尔奖获得者李政道先生历年来关注苏绣创新所撰写的《金核子"对撞"苏绣》；2014 年 11 月，我受上海博物馆邀请，做公益讲座，讲授"中国四大名绣的传承与发展"；同年 12 月，我受邀在中国非物质文化遗产保护中心在京举办的学术研讨会上宣读《刺绣的历史传承与当代传承刺绣文化的启迪》；2015 年 9 月，文化部、联合国教科文组织在成都举办第五届中国成都国际非物质文化遗产节，并举行"现代文化进程中的非物质文化遗产保护"专题论坛，我受邀作为嘉宾在论坛中做"传承是基础·创新是生命"专题发言；2016 年 7 月，我受文化部邀请，在中国国家图书馆做公益讲座，介绍"中国刺绣的历史发展的思考"；等等。

叶：由于您多年来的不懈努力，苏绣艺术创新中心的工作逐步获得了业界、社会和国家的高度认可，您也获得了不少荣誉。

张：是的。2012 年，苏绣艺术创新中心获得了文化部"国家文化创新工程"项目。其中，苏绣艺术创新中心与清华美院赴日访问学者杨建军老师合作研究，运用纯天然的植物染料染制织物，将轻薄透明的绢纱材料染色成功，经纯天然植物染料染制的织物，外观色泽醇厚古雅，色彩穿透力均匀，富有质感光泽，提升了刺绣艺术品的艺术品位；同年 5 月，苏绣艺术创新中心为故宫博物院复制清代皇室刺绣用品。2013 年 1 月 16 日，苏绣艺术创新中心被认定为"国家级非物质文化遗产保护研究基地"，文化部副部长董伟亲自给苏绣艺术创新中心授牌。

我本人多年的工作也受到业界和国家的肯定。2009 年 5 月 14 日，我被选为中国工艺美术学会刺绣专业委员会会长；2012 年 4 月，我被聘请为中国工艺美术大师评选活动的专家评委；2013 年 10 月，我受聘担任国家非物质文化遗产中心协会常务理事；获得了第二届中华非物质文化遗产传承人薪传奖。2013 年 12 月 27 日，中国艺术研究院于北京饭店为我专程举办了"张美芳刺绣艺术精品展"，并由中央工艺美院原院长、著名画家常沙娜为展览撰写序言。

陆皓东 （省级非遗常熟花边制作技艺）代表性传承人

雕绣画花人人赞

——对话省级非遗常熟花边制作技艺代表性传承人陆皓东

文／吴建伟

吴：据了解，花边起源于 18 世纪的欧洲（意大利），后来传入中国沿海城市包括我们常熟，常熟花边很有名，您是何时接触常熟花边的？

陆：20 世纪 50 年代初，我家隔壁是私营花边厂厂商的家，即家庭式花边洗烫工场，而且花边发放站与我接受启蒙教育的初小部相邻。因此我就是在一边接触着充满煤油味的花边印花毛坯，一边闻着刺鼻气味漂水液的晾晒花边中一天天长大的。学生时代的我喜欢绘画，除了临摹画片中的三国人物外，多仿照所熟见的花边纹样，移植到黑板报图案的设计上，这也为我后来从事花边设计打下了深厚的美学基础。

吴：后来的发展情况如何？

陆：1971 年开始，我师承上海抽纱设计老艺人沈培德先生，学习花边设计业务。1972 年，参加由南京艺术学院张道一、保彬、李湖福、吴山诸位先生授课的江苏省花边设计培训班。1984 年，

钩针、曲带镶边雕绣

曲带镶嵌雕绣

陆皓东，1948 年生，苏州人。研究员级高级工艺美术师、江苏省工艺美术名人、苏州市工艺美术大师、常熟花边设计师。从艺40多年来，曾先后参与钩针镶布、喷花雕绣等新品设计和毛主席纪念堂等国家重要场所的室内花边装饰设计、制作，发表了一系列关于常熟花边的学术论文。2008年被认定为第二批江苏省非物质文化遗产代表性项目（常熟花边制作技艺）代表性传承人。

担任常熟市花边研究所副所长，逐步成为常熟花边主要创作设计人员之一。20 世纪 70 年代，我参与钩针镶布、喷花雕绣创新研发。20 世纪 80 年代，我主持并参与饰带花边、涤纶凸花经编织物的新品开发、技术改造，都取得了显著成效。其间还参与了毛主席纪念堂等国家重要场所的室内的钩针窗帘和门帘设计、制作。我所设计的"全棉精纺影针绣台布 A916"，被刊登在意大利专业期刊 *MANI DI FATA*（译名《编结艺术》）1979 年第 11 期上。1978 年我所设计的"缠枝花雕绣大餐台布 A1004"，1980 年设计的"葡萄抽丝雕绣圆台布 A1285"等花边作品，畅销欧洲抽纱市场，20 多年经久不衰。2008 年，我所设计并指导制作的"双鸟戏枝"万缕丝绣件参展于上海世博会。"满工全雕靠垫 A2001"于 2008 年荣获江苏省优秀工艺美术创作奖。20 世纪 90 年代末，在传统手工花边生产逐渐衰落的形势下，我主持研制并开发成功主销美国市场的工艺刺绣礼品，将传统花边工艺与电脑绣花、飞梭刺绣等现代刺绣技术相结合，成为常熟花边新的主要销售产品。

吴：您不仅传承发展，还不断有研究成果发表，请您谈谈。

陆：是的，我先后在《南京艺术学院学报》、*HOME LINENS*（译名《家用亚麻制品》）、《江苏工艺美术》《苏州工艺美术》等学刊上发表了《略谈常熟花边的艺术特色》《抽纱和雕绣》《钩针镶布》《饰带花边抽纱制品》《常熟花边》《谈抽纱工艺中的雕绣》《关于拯救常熟花边传统工艺思考》等一系列论文。2012年，担任《中国工艺美术全集·江苏卷》中的《刺绣·抽纱篇》执行主编，负责该部分的编撰工作。2017年，在原常熟市文广局的支持下，所编著的《常熟花边精品图集》出版。该图集共收集、整理了常熟花边百年历史中的精华作品共200幅，全面反映了常熟花边昔日的辉煌面貌。2018年，在苏州市政府支持下，我编纂并组织拍摄"常熟花边针工技法"视频资料。该片汇集数位年迈的花边针工技师，展示主要针法40多项，片长135分钟。

吴：您作为省级非遗项目（常熟花边制作技艺）代表性传承人，近年来在传承非遗方面做了哪些工作？

陆：2008年以来，我在常熟理工学院、常熟市中学、江苏省常熟中学、常熟市特殊教育学校等多次举行花边讲座，开办花边技艺培训班，并积极参加由地方政府和社会举办的各项花边传承推广活动。2013年，我获常熟市非遗传承薪传奖、常熟市优秀专业技术工作者、常熟市劳动模范等荣誉称号。2008年，我被认定为第二批省级非遗项目（常熟花边制作技艺）代表性传承人。

周美华（省级非遗常熟花边制作技艺）代表性传承人

常熟花边的敬业者
——对话省级非遗常熟花边制作技艺代表性传承人周美华

文／吴建伟

吴：请您谈谈常熟花边的发展情况。

周：常熟花边是 20 世纪初从国外传入发展起来的，它以鲜明的地方特色和精湛的手工技艺蜚声于国际市场。常熟花边经过数代人的创新和发展，成为中国民间手工艺术宝库中的一朵奇葩。20 世纪 80 年代，常熟花边针法共有 60 多种，花稿数千种，生产产品达 20 个大类，主要有台布、盘布、床上用品、沙发套、靠垫、钢琴罩、门帘等室内陈设类产品，花色品种达上千种。常熟花边厂生产的国家著名"A"字牌商标，闻名中外。常熟花边曾畅销意大利、美国、德国、日本和东南亚等 80 多个国家和地区，深受客户的青睐。常熟花边在人民大会堂、毛主席纪念堂、钓鱼台国宾馆、首都机场等重大活动场所的室内陈设都有应用。产品获得了国家质量奖金质奖、中国工艺美术百花奖金杯奖、首届国际博览会银奖、首届全国轻工业博览会金奖等奖项。常熟花边制作技艺于 2007 年被列入江苏省非物质文化遗产代表性项目名录。

周美华，女。1951年生，苏州人。从事花边的传统针工研究和推广等工作。曾多次参与毛主席纪念堂、人民大会堂、钓鱼台国宾馆等国家重大活动场所的花边装饰品设计和制作，并参与编制"常熟花边传统针工针法"样本。2008年被认定为第二批江苏省非物质文化遗产代表性项目（常熟花边制作技艺）代表性传承人。

吴：请您谈谈传承谱系和工作业绩。

周：我1951年出生于常熟花边技艺世家。母亲李玉英是常熟花边厂的一位老艺人，1957年，出席北京召开的全国工艺美术艺人代表大会，受到朱德的接见。我自10岁左右就随母亲学习绣制传统的常熟花边，从小就熟习各种针工技艺。20世纪60年代在东张务农期间，到苏州服装研究所学习编织技艺，回东张后，传授给附近绣妇。1974年，进入常熟花边厂设计室针工实验组，从事常熟花边的传统针工研究、推广等工作，并参与新针工的研制活动。实验组人员均是高手，大家互相学习、相互促进，我的花边技艺有了飞速进步。

我一直从事传统常熟花边的针工研究、讲授和推广工作，学习前辈的敬业精神。我热爱钻研这项技艺，在厂期间，配合设计人员创新产品，不断研制新的针工。当新的产品和针工被市场认可后，我就到农村各花边发放点进行辅导和推广，从而形成批量生产。我的设计在新产品"钩针镶布"的创作过程中起到了关键作用。同时，我还参与了毛主席纪念堂、人民大会堂、钓鱼台国宾馆等国家重大活动场所的花边装饰品的设计制作过程，参与编制"常熟花边传统针工针法"等。2008年，先后被认定为第一批市级非遗项目（常熟花边制作技艺）代表性传承

雕绣花卉

人和第二批省级非遗项目（常熟花边制作技艺）代表性传承
人。近年来，我积极地参与非物质文化遗产项目的保护、传
承工作。

马惠娟（市级非遗苏州缂丝织造技艺）代表性传承人

让艺术回归内心

——对话市级非遗苏州缂丝织造技艺代表性传承人马惠娟

文／怀念

怀：请谈谈您的从艺起点、师承关系。

马：我小时候随母亲学习刺绣，掌握民间刺绣针法，这为以后从事缂丝事业奠定了基础。1972年3月，我进入吴县机绣厂，同年底吴县缂丝总厂成立后，我成为第一批艺徒，师承沈根娣、陈阿多、徐祥山。我精通明清技法，并在继承的基础上不断发展创新。

怀：请您介绍一下缂丝的历史及在苏州的发展。

马：缂丝亦称刻丝，是一种以桑蚕丝为原料，采用"通经断纬"的独特技法挖织出图案和花纹的高档丝织手工艺品。将缂丝作品悬空背光观察，可见图案和花纹周边星星点点的洞孔，犹如镂刻而成，故而得名。由于其高贵的身价，历朝历代，主要为宫廷御用，供达官贵胄赏玩，百姓一般无法承受，因此享有"织中之圣"之美誉。缂丝用色和工艺不受限制，织成后双面效果完全相同，并且是所有丝织品中最耐保存的一种。缂丝上溯汉唐，历经千年发展，工艺更臻细致完善，由于

马惠娟，女。1953 年生，苏州人。研究员级高级工艺美术师、江苏省工艺美术大师。曾在吴县缂丝总厂工作，师承沈根娣、陈阿多、徐祥山七十多年来学艺勤奋，作品曾多次获奖。代表作品有莲塘乳鸭图（朱克柔原作复制品）、虎啸图、六骏图、古寒山寺、博古等。2012 年被认定为第三批苏州市非物质文化遗产代表性项目（苏州缂丝织造技艺）代表性传承人。

织造工序独特且繁复，人工代价很大，向有"一寸缂丝一寸金"的说法。现存世的古代缂丝作品主要为各大博物馆所收藏，苏州缂丝织造技艺于 2006 年被列入首批国家级非物质文化遗产名录。

怀：请列举您的获奖作品。

马：1985 年，《虎啸图》获亚太地区国际博览会银质奖；《古寒山寺》《孔雀羽腰带》分别于 1986 年和 1989 年获中国工艺美术百花奖金杯奖；1991 年，《云龙图》《寒山夕照》分获第二届北京国际博览会金、银奖；2006 年，《六骏图》获苏州工艺美术精品展金奖；2007 年，《寒月孤雁》获第八届中国工艺美术大师作品暨工艺美术精品博览会金奖；2014 年 11 月，《乐山乐水》《经纬的邀约》分别在中国（苏州）民间艺术博览会上获得精品奖和金奖。

怀：请谈谈您所获职称、荣誉称号。

马：研究员级高级工艺美术师、江苏省工艺美术大师、苏州市非遗传承人。2017 年 12 月，我参与中央电视台《国家宝藏》第一季的录制，为南宋朱克柔缂丝作品《莲塘乳鸭图》国宝守护人。

《寒月孤雁》

怀：请谈谈您对缂丝艺术发展的基本观点。

马：通过传统工艺认识中国传统文化是一个非常好的途径，所以把缂丝工艺与写意相结合，把制作意境作为创作方向。古人有"一切景语皆情语""境生于象外"之说，意境的营造基本上都是通过意象的勾勒来完成的。比如作品《弦月双飞》，就是通过勾缂上弦月、乌云、残枝这些寂寥的意象营造出意境，一轮上弦月寓意虽然残缺但终会圆满，乌云、残枝意味前路迷茫充满坎坷，两只天鹅结伴高飞寄寓要充满希望，绝不放弃对理想的追求。我希望透过这些画面，融入自己的心情和感想。这些缂丝作品，在技巧方面比传统的宫廷缂丝进步很多，背景不再是单一的色阶，层次多变，浓淡相宜。同时，我制作缂丝作品的过程是一种精神还乡，让艺术回归内心，勾勒灵魂的过程。

游
伟刚（苏绣）
江苏省工艺美术大师

苏绣艺术之路
——对话江苏省工艺美术大师游伟刚

文／叶志明

叶：游老师，您是如何走上艺术之路的？

游：我1954年出生于苏州。1977年毕业于南京艺术
　　学院美术系，后进入苏州刺绣研究所设计室工
　　作，师从中国工艺美术大师徐绍青先生，学习中
　　国画和刺绣设计。可以说苏州刺绣研究所的工作
　　经历成就了我的艺术之路。

叶：是的，苏州刺绣研究所好比中国刺绣的"黄浦军
　　校"，培养了许多如您一样的大师。

游：苏州刺绣研究所成立于1954年。半个多世纪以
　　来，苏州刺绣研究所为国家培养了数以百计的
　　刺绣艺术大师和专家，创造和革新了200余种
　　刺绣技法，堪称国际国内刺绣领域之最，可谓
　　是凝聚了苏绣艺术的核心和精华，进而成为当
　　代苏绣艺苑中的领军者，具有不可替代的龙头
　　地位。我仅是其中的一分子，虽然自己获得了
　　江苏省工艺美术大师荣誉称号及研究员级高
　　级工艺美术师职称，还担任了苏州刺绣研究所

《丝绞罗——鸡》

游伟刚，1954 年生，苏州人。研究员级高级工艺美术师、江苏省工艺美术大师。曾任苏州刺绣研究所创作设计室主任、副所长，中国苏绣艺术博物馆副馆长。师从中国工艺美术大师徐绍青。擅长刺绣稿设计，创作设计的作品富有新意，别具一格，深受人们的喜爱。代表作品有白猫·熊猫、双面绣『水乡系列』和『荷花系列』等绣稿。

副所长，但在研究所我仍旧是"学徒"。

叶：从 1978 年您师从徐绍青大师算起，至今已有 40 多年了，其间您已荣获了中国刺绣艺术大师、江苏省工艺美术大师等称号，但您的代表作或是您的得意之作，业界似乎不太了解。

游：是的。我的许多作品被外交部选为国礼，赠予了驻外使馆和领馆，以及外国领导人和国际友人。譬如，作品《微风摇紫叶·轻露拂朱房》被习主席作为国礼赠送给韩国总统。至于代表性作品，我只能列举一些作品来：如丝绞罗、缂丝结合作品《游鱼》，这幅作品长 50 厘米，宽 30 厘米，画稿采用抽象派手法，画面上两条鲤鱼一左一右在水中嬉游，若隐若现，仿佛一对情侣恋恋难分，饶有情趣。鲤鱼的鱼鳞采用缂丝艺术，层次分明，活灵活现，与水波边缘相接。水波则通过丝绞罗织出镂空花纹，效果明显，具有动态感。整幅作品构图新颖、色彩高雅，对比协调、透明感强，配上红木座架，更显得珠联璧合，别具一格，美不胜收。作品体现了缂丝古朴典雅的传统特色和丝绞罗现代艺术的朦胧意境，标志着新的缂丝艺术向更高水平迈进。作品丝绞罗、缂丝结合及工艺研究 3-31-2 获苏州市科学技术进步

《微风摇紫叶·轻露拂朱房》

奖；还有双异缂绣《白猫·熊猫》获江苏省紫金杯金奖；双面缂丝艺术品及工艺研究 088462 获苏州市科学技术进步奖；"镂缂荷花四条屏"获江苏艺博杯金奖，入选中国当代工艺美术双年展……

李华 （苏绣）
江苏省工艺美术大师

苏绣艺苑中的园丁

——对话江苏省工艺美术大师李华

文／龚平

龚：李老师，您好！您在刺绣领域已经默默耕耘 40 多年了。

李：是的。我是 1971 年 4 月进苏州刺绣研究所的，那时我 16 岁。我先是半工半读了两年，1973 年 4 月，正式进所工作。2011 年退休后，还留用到 2017 年。

龚：进研究所后，您就跟了王菊宝老师？

李：1971 年半工半读起，我就师从王菊宝老师，学习传统花鸟绣。20 世纪 70 年代末，在顾文霞老师指导下，我随王老师一起绣制了第一幅大型作品《春回大地》。80 年代后，我随李娥瑛老师一起绣制了《海鹤竞翔》，作品参加全国四大名绣展览并获中国工艺美术百花奖优秀创作设计奖。在多年的刺绣过程中，我还受到了余福臻、王祖识、牟志红等多位老师的技艺指导和点评，使我的技艺水平不断得到提高。

龚：那么，后来您又是怎样传承苏绣技艺的呢？

李：1995 年，我担任刺绣技艺指导员，负责技艺总

李华，女。1955年生，苏州人。研究员级高级工艺美术师、江苏省工艺美术名人、江苏省工艺美术大师。曾在苏州刺绣研究所工作。擅长花卉刺绣，代表作品有月季、十里荷花、蝴蝶花等。作品曾多次在国内外展出并获奖，2012年被认定为第三批苏州市非物质文化遗产代表性项目（苏绣）代表性传承人。

检工作，共指导了1000多幅刺绣作品。经过我的技艺指导和理论传授，多名刺绣工作者在技艺水平和理论修养上都得到了长足的进步。

2007年11月至今，我被聘为苏州工艺美术职业技术学院客座教授，先后为400多名学生讲授"苏绣发展和技艺传承"课程。2011年至2015年，带了50多名学生，他们都能完成一些高难度的作品。其中一对一带的学生如徐苏凤、王康霞等都已获得工艺美术师职称，她们主绣花鸟、山水，都有作品参加国内外展览并获奖。

龚：您对苏绣技艺传承、发展与创新的业绩是有目共睹的。

李：我擅长传统细绣针法和细乱针法，特别是双面绣花鸟、山水和人物。经过潜心研究，创新开发了用细乱针法来表现摄影、油画、花鸟等题材内容的技艺方式。在多年实践中逐步形成了"绣工精细、色彩典雅、针法丰富"的技艺特点，并精心绣制摄影绣稿《猫头鹰》《蝴蝶花》等一批具有时代特征和艺术内涵的苏绣精品。

龚：请谈谈您的获奖作品。

李：我有20多件作品获得各级各类奖项。比如：1993年，双面绣

《丝竹吟碧林生翠》

《月季》参加第一届亚太地区手工艺精品展，获得世界手工艺理
事会主席奖、伊朗德黑兰市政府创造奖。2009 年，由外交部定制
收藏的单面巨幅壁挂作品《丝竹吟碧林生翠》（主持参与技艺指
导），现陈列在中国驻美国大使馆贵宾厅。

《月季》

龚：李老师一定获得了许多荣誉吧！

李：我的职称是研究员级高级工艺美术师。我先后在 1997 年 9 月和
　　2008 年 2 月，分别获得江苏省工艺美术名人和江苏省工艺美术
　　大师荣誉称号；2012 年 10 月，我被认定为市级非遗项目（苏
　　绣）代表性传承人。

《紫藤白鹭》

龚：请您谈谈您发表过的论文以及您对刺绣的基本观点。

李：1994 年，论文《花鸟绣创新之我见》发表在《姑苏工艺美术》，
并获苏州市自然科学优秀学术论文三等奖。1998 年和 2010 年又
有《试谈"双面绣〈柳鹊图〉"的创新体会》和《苏绣巨幅壁挂
〈丝竹吟碧林生翠〉的创作体会》发表在《姑苏工艺美术》上。我
还参与编写"民族织绣基础"刺绣培训教材，编制苏州高等职业
技术学院民族织绣专业刺绣针法授课计划表。

我认为刺绣是一门需要努力摸索、总结提高的传统手工技艺，要
在"思维大于技巧"的理念方式倡导下，实践传统苏绣技艺与现
代绘画相结合，把现代思维观念融入刺绣作品创作之中，拓展刺
绣题材范围。

初露头角 传承绣艺

——对话苏绣名师梅桂英

文／叶正亭

叶：请您谈谈从艺起点和师承关系。

梅：我 1955 年出生在苏州。1972 年，进入苏州刺绣研究所，师从高级工艺美术师冯丽亿，学习乱针绣。1973 年到 1978 年，一直在苏州刺绣研究所针法研究室从事创作、质检工作，并任技艺指导员，负责刺绣技艺传授和创作指导工作。1978 年后，师从中国工艺美术大师任嘒闲，学习乱针绣针法。

叶：请您谈谈从艺主要业绩与贡献。

梅：从艺 47 年来，我始终对自己严格要求，并不断探索发展刺绣技艺。2007 年，我与意大利当红概念派画家奥马尔·嘉里亚尼（有当代达·芬奇之美誉）合作，用虚实乱针法创作刺绣艺术作品——《新圣人·新花》，展示了虚实乱针绣以少胜多的艺术境界及刺绣独特的艺术魅力，受到各界人士的好评；2007 年 6 月，我赴意大利参加第 52 届威尼斯国际艺术双年展中主题为"奥马尔与中国艺术家对话"的当代艺术展，并进行

梅桂英，女。1955年生，苏州人。高级工艺美术师，江苏省工艺美术大师、苏州市民间工艺家。1972年进苏州市刺绣研究所工作。师从任嘒闲大师，学习乱针绣。代表作品有新加坡总理吴作栋像、梵高自画像、少女、丛林蝶影等。2010年被认定为第二批苏州市非物质文化遗产代表性项目（苏绣）代表性传承人。

了刺绣表演，这是一次重要的艺术交流盛会；2014年8月，我与众弟子历时3年10个月完成苏绣史上首幅大型虚实乱针绣长卷作品《长江万里图》；2008年，与西安美术学院教授谭兴渠合作现代重彩作品《丛林蝶影》，突破了以往重彩题材运用粗犷线条和浓重色彩的局限，而采用虚实乱针绣来凸显主体与层次感，从而使整体绣面层次丰富、丝光灵动、绚烂夺目中又不失清新，较之原作又多了一分刺绣特有的婉约和柔美的艺术效果。

叶：您绣制的绣品中有哪些代表作品和获奖作品？

梅：我先后绣制过一大批乱针绣艺术作品，代表作有肖像绣《埃及总统》《苏丹国王》《梵高自画像》《新加坡总理吴作栋像》《爱因斯坦》《张謇像》《沈寿像》和虚实乱针绣《新圣人·新花》《舞者》《丛林蝶影》等。

主要获奖作品：2002年，虚实乱针绣作品《黄山云海》在首届姑苏技能大奖暨首届吴地工匠文化节中获二等奖；2008年5月，虚实乱针绣《新圣人·新花》参加第四届中国（深圳）国际文化产业博览交易会展览，被评为中国工艺美术文化创意特别金奖；2009年6月，双面异针绣《盛装苗女》在"锦绣中华——中国织绣精品大展"中荣获创作金奖；2010年3月，双面三异绣《金丝

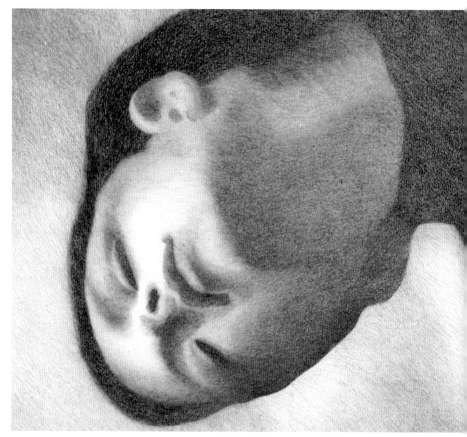

《新圣人·新花》

猴与猎犬》荣获江苏省艺博杯工艺美术精品展金奖；2011年，虚
实乱针绣《雪》荣获中国刺绣艺术精品展中丝园杯金奖；等等。

叶：请您谈谈近年来指导了多少学生和所获荣誉。

梅：我在苏州刺绣研究所、苏州任嘻閒刺绣艺术发展有限公司任艺术
　　指导期间，先后培养了曹奇珍、徐建华、霍秀玲等数10名学生，

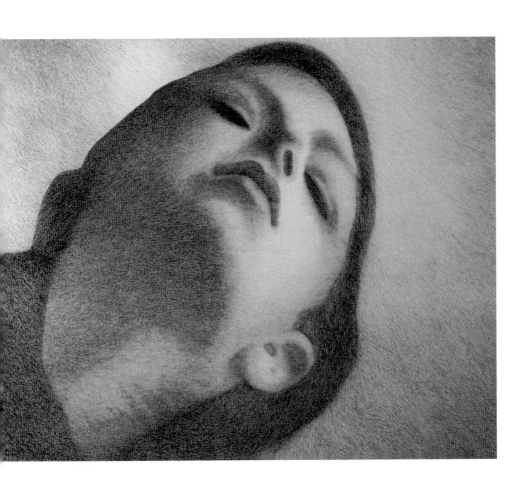

他们是目前苏绣行业乱针绣艺术传承与发展的中坚力量。近年来，我带领学生创作的刺绣作品先后在日本、韩国、乌克兰、美国、德国、芬兰、波兰、意大利、约旦、突尼斯、叙利亚及中国香港等地展出，进行文化交流，为弘扬中国刺绣艺术做出了积极贡献。

2009年8月到10月，我参加了苏州市人力资源和社会保障局举

《大千像》

办的"苏州市传统工艺美术高级人才理论提高班",获苏州市紧
缺人才培训工程刺绣岗位资格证书。2010年,被认定为第二批市
级非遗项目(苏绣)代表性传承人。

孙
林泉 （苏州 玉雕技艺）
研究员级高级工艺美术师

老夫聊发少年狂
——孙林泉玉雕新作探究

文／叶志明

　　游苏州真山真水，光福是绝佳胜地。"湖光山色，洞天福地"——中国历史文化名镇光福为我们勾勒了一种清秀明丽、幽艳旖旎的山水意境，但它真正动人心弦之处，却是历史人文的遗韵和巧夺天工的工艺，这些才是光福山与水的精粹。

　　孙林泉是光福人，林泉名字保留着山水的"血脉"，令人想到宋人郭熙《林泉高致·山水训》曰："看山水亦有体，以林泉之心临之则价高……山水，大物也。"孙林泉凭借着祖上冠名的愿景，追求着人生赋予的"林泉高致"的另一种生活，置身于山水，体验着生命的本真。孙林泉是光福孙家走出的第一位大学生，当风华正茂、踌躇满志的孙林泉走在六十年前的光福老街时，回头率是空前的。

　　光阴荏苒，白驹过隙。光福山水的浸淫，使孙林泉终于告别了三尺讲台，他在一种叫玉的石头上开始了属于自己的"林泉高致"真实的寂静生活。

　　孙林泉已过古稀之年，处于人生的什么阶段呢？牵着纯种拉布拉多猎犬，身背坚挺、行动敏捷、言语洪亮的孙林泉，就像东坡"老夫聊发少年狂"诗句中

孙林泉，师范毕业。1970年赴天津玉器厂学习玉雕、玉石检验。1973年回光福创办玉雕工艺厂。2010年引进『中国工艺城』项目。至今从事工艺美术已有40余年。恪守『师者，所以传道授业解惑也』的职责，培养了一大批工艺人才，被业内尊称为『老法师』，是光福玉雕产业区形成及发展不可或缺的人物。现为苏州市民间工艺家、研究员级高级工艺美术师、江苏省工艺美术名人、江苏省工艺美术行业协会理事。

的模样。一般来说"老爷爷"的性情应该是缓缓徐徐的，但是，人之不同，各如其面。有些人虽然年少，却早已老成木讷；也有人虽为老夫，却还童心未泯，甚至血气方刚。年届退休，颐养天年似乎是天经地义的事，而"老骥伏枥，志在千里"也是一种别样生活，之间相悖的或许是个人本性的"基因"使然，孙林泉就是一例最好佐证。他一辈子在光福工艺街的明清古玉研究所里，追逐着属于他的那个"林泉高致"的精神家园，在这个精神家园里展现了一个玉雕名家传奇的人生经历和跌宕起伏的命运。

"玉不琢，不成器。"琢玉是心境的折射。"千里始足下，高山起微尘，吾道亦如此，行之贵日新。"这是白居易的座右铭，如今成为74岁玉雕名家孙林泉的"坐标"。探寻他的创作秘笈，就是让自己不老。我曾与他戏言：不许长大，忘掉年纪。其实童心不泯就是对世界保持新鲜感。他认为，作为艺术家最大、最重要的工作是"保持新鲜感"。一个琢玉人，如果一直在寻找某种陌生感，那么对璞玉就会有发现，有惊喜，而不是订单商业的流水线式的重复。琢玉从头到尾都是一种艺术行为，不能指望灵感来支撑自己的工作，灵感常常是很不可靠的。如敦煌千佛洞、龙门石窟和云冈石窟；如周昉《簪花仕女图》、张萱《捣练图》《虢国夫人游春图》、宋徽宗《写生珍禽图卷》以及张择端的《清明上河图》等，这些具有艺术美感和历史价值的作品都出

《吉祥三宝》

自时刻保有新鲜感的艺术家之手。

　　《吉祥三宝》的成功为孙林泉"烙"上了耀眼的名誉符号，可以说，这是他艺术人生的转折点。但孙林泉似乎并没有沉溺在成名所带来的满足感，甚至早在受人追捧之前，他已经开始了怀疑和追问。他想要把这个标签尽快撕掉，尽管这种自我否定需要很大的冒险。2008年前，孙林泉就开始察觉这个圈子的异样，市场的价格像坐上了"火箭"，订玉电话不断，对于突如其来的名誉和闪耀着金色光芒的数字，他依然有着本能的警惕。他深知过热的市场对艺术带来的潜在损害，因此一直对市场非常敏感。有一次他对我说道："一想到玉要被预订，整个心情全坏了，根本没法琢了。"在当下，一部分艺人沽名钓誉吹嘘自己，像机器一样掘金般地工作，不断复制自己。而孙林泉认为，对一个艺术家而言，一味地重复自己就是在浪费时间，为此他拒绝了复制《吉祥三宝》这一带有巨大商机的邀约，在忙碌如陀螺旋转的时刻，抽身而退。自 2008 年创作了《吉祥三宝》后，2009 年孙林泉做了《刘海戏金蟾》获子冈杯银奖，2010 年做了《丹凤朝阳》获江苏省民间文艺迎春花奖（以下简称迎春花奖），2011 年做了《莲鹤方壶》。他不疾不徐一年几件作品，在作品中置入了丰富的简洁、深刻的平淡、自信的谦虚，坚定地表达了自己"不重复"的创新态度。这种态度对于沸腾的市场来说，无疑是降温的清凉剂。

对于传统玉雕，孙林泉认为绝非仅指"上海工""苏州工""扬州工"等，传统不但可追溯到新石器时代、商周、春秋战国、汉唐等时期，还可延伸到光福木雕、乡村灶头、园林窗扉、村姑织绣等范围。传统是无边的大海，在大海中游泳固然畅快，但不要指望能游到彼岸。能找到岛，在上面喘口气，做点事，已经难能可贵。所以，"谈传统，大家都要谦虚点"成了孙林泉的口头禅。

"智者乐水，仁者乐山。""林泉高致"是自然的一种境界，是人生的一种境界，也是艺术的一种境界。这种愿望在缤纷杂乱的现代社会已近乎奢侈。孙林泉崇尚精致生活，他在自家的院落里过着苏州人闲情逸致的生活，吃新鲜的时令美味，河鲜是非太湖不吃的。"这是生活艺术的一部分"——孙林泉对我说的这句话，套用《孟子·梁惠王（上）》里的"夫子言之，于我心有戚戚焉"，对我再真切也不过了。美，可以寻常使用，与人的生活贴近，实际而厚实，并不美得超凡脱俗，却美得丰衣足食，心平气和。美食如是，琢玉亦复如是。因为精致玉雕技艺是蕴涵在精致生活中的，俗称的"苏州工"并非指狭义的技艺，而是泛指苏州人的精致生活生态空间，就是生活即艺术，艺术即生活！

何根金（省级非遗金山石雕）

代表性传承人

金山石雕的领军人

——对话省级非遗金山石雕代表性传承人何根金

文 / 叶志明

叶：何老，金山石雕是江苏省首批列入非遗代表作名录的（2007.3.24 公布），但知名的工艺师不多，与刺绣、玉雕、核雕等其他工艺门类相比，好像很小众。

何：不，金山石雕曾是苏州工艺门类中的大户，它与砖雕、木雕一起支撑起香山帮传统建筑营造技艺，其中金山石雕是不可或缺的重要元素，如苏州古典园林中处处可见石基、石门、石柱、石桥、石亭、石狮、石碑等。但由于金山石雕一直是为人做嫁衣，故而这些能工巧匠的名字，淹没在浩如烟海的史籍之中。

叶：何老，您是如何成为当代金山石雕领军人物的？

何：我 1936 年出生于吴县木渎天平村一个石匠世家，12 岁就随父亲上山采石，15 岁略通粗、细石匠技艺。1956 年，我进了石厂，成为一名正式的石匠。1958 年，我有幸参加了中国人民革命军事博物馆工地建设。在京期间，我刻苦钻研，

花神系列

虚心向来自全国的优秀石匠学习，学到系统的石雕本领，为我后来创业夯实了基础。1989 年，我创办了天平石料装饰工艺厂，工厂生产的石狮、佛像、石灯等石雕产品远销美国、意大利、日本、新加坡和马来西亚等二十多个国家和地区。1997 年，我又组建了苏州市金山石雕艺术有限公司，该公司是目前业内规模最大的企业，是省内金山石雕唯一的传承单位。

叶：金山石雕技艺特征有哪些？

何：金山石雕技艺特征主要有画、塑、凿、刻、雕、磨、钻、镂、

何根金，1936年出生，苏州人。高级工艺美术师，江苏省工艺美术大师。自幼从事石雕细作工作。代表作品有佛教人物、敦煌、仕女等。1958年曾参加建设中国人民革命军事博物馆、人民英雄纪念碑等建筑石艺工程项目，后被北京雕刻厂借调参加「几内亚纪念雕塑」国家礼品工程建设，受到著名雕塑家刘开渠等专家的赞扬。2008年被认定为第二批江苏省非物质文化遗产代表性项目（金山石雕）代表性传承人。

削、切、接等加工工艺和技巧。20世纪60年代，在北京雕刻厂的扶持下，金山石雕吸收了南、北石雕流派的精华，并结合现代的加工工艺设备，逐渐形成了独具苏州地域特点，又具现代雕塑语言风格的一门技艺。

叶：您的代表作品有哪些，得到过什么荣誉？

何：金山石雕不同于其他工艺门类靠一己之力可独立完成，石雕靠的是群策群力，大多为集体创作。我的代表作有《佛教人物》《敦煌》《仕女》，这些都是我独立设计雕刻的作品，1978年《人民画报》刊登了这三件作品。关于荣誉，我一生获得的各类表彰很多，但值得自己骄傲的是高级工艺美术师资格证书、江苏省工艺美术大师荣誉称号、省级非遗项目（金山石雕）代表性传承人称号。

宋水官（国家级非遗核雕）

代表性传承人

一枚核雕一片情
——对话国家级非遗核雕代表性传承人宋水官

文／崔冰

崔：宋大师好，请您谈谈舟山核雕的历史流变。

宋：核雕，是我国民间传统工艺美术，核雕作品设计精巧，工艺细密，以小见大。核雕主要原材料为桃核、杏核、橄榄核等果核壳类，属于民间微型雕刻手工艺范畴，素有"鬼工技"之美誉，盛行于明代天启年间。明代，江苏常熟有一位微雕创始人、雕刻名家王叔远，号初平山人。他在一枚"长不盈寸"的橄榄核上，生动地雕刻了东坡赤壁泛舟。文人魏学洢的《核舟记》中详细记述了王叔远作品中船上人物、器具、窗栏、对联等，"罔不因势象形，各具情态"，可谓脍炙人口。从此，王叔远的名字为世人所知，流芳百世。清乾隆年间，苏州人杜士元，所雕核舟《东坡赤壁泛舟》《渔乐图》等，每枚高达银50两，依然供不应求。后他被乾隆召入宫内，专为皇宫雕刻。到了民国时期，舟山核雕逐渐兴起，苏州光福舟山村人殷根福，是舟山核雕的开山人物。他原习竹雕，后专攻核雕。其精心雕刻的十八罗汉头像手串，在上海老城隍庙的永兴斋里出售。后来，殷根福首创了"殷氏刻罗汉头像五刀技法"，即眼睛两刀，耳朵两刀，鼻头一刀。他刻制的罗汉头像厚朴凝重、形象生动、神采各异，各地求购者络绎不绝。殷氏核雕艺术，由他的儿子殷荣生、女儿殷雪芸和徒弟须吟笙、钟年福等继承下来。1950年后，由于核雕市场萎缩，核雕作品无人问津，不少艺人放下手中的刻刀转业。20世纪六七十年代，舟山核雕开始复苏，村上先后成立了核雕小组，建立了舟山雕刻厂，又创办了吴县（东山）雕刻厂。1972年，苏州工艺美术厂为恢复核雕技艺，通过寻访艺人，把殷雪芸从农村邀请到城市，让其进苏州工艺美术厂工作，后又将其调到苏州工艺美术研究所，从事核雕艺术研究。1978年，她所雕刻的核雕作品《寿星》《虎丘》《狮子林》等先后参加全国工艺美术展，并在德国、加拿大等国家巡展，深受国内外的好评。同时，她还培养了殷毅军、董兰生、陈素英、周建明、周雪官等一批学徒。时隔多年殷雪芸退休，须吟笙、钟年福、周建明、须培金、周雪官、许忠英、陈素英等一批老艺人纷纷建立自己的核雕工作室，从事核雕技艺工作，他们所雕刻的核雕作品，由于雕工精细、花色品种丰富多彩，使一度沉寂的核雕市场活跃起来，核雕产品通过上海销往香港、澳门等地区及东南亚各国。苏州核雕因典雅、精工、灵透、细腻等特点，闻名中外。2008年6月，核雕（光福核雕）被列入第二批国家级非物质文化遗产代表性项目名录。

崔：请谈谈您是如何与核雕艺术结缘的以及您所获得的个人荣誉和头衔。

宋：1946年，我出生于苏州市吴县光福镇舟山村，从小耳濡目染，爱上了核雕艺术。1967年我进入舟山雕刻厂，1973年被吴县政府邀请到吴县（东山）雕刻厂，负责雕刻生产，至今从事工艺雕刻事业50余年。现为国家级非遗项目（核雕）代表性传承人、研究员级高级工艺美术师、江苏省工艺美术名人、苏州市民间工艺

宋水官，1946年生，苏州人。研究员级高级工艺美术师、江苏省工艺美术名人、苏州市民间工艺家，为苏州核雕第三代传人。从艺50多年，他的核雕作品雕工精细、线条流畅、造型生动、风格独特，深受收藏家、文玩家青睐。2000年，创办宋水官核雕工作室。2009年，核雕作品乘风破浪荣获第九届中国民间文艺山花奖。2009年被认定为第三批国家级非物质文化遗产代表性项目（核雕）代表性传承人。

家、中国工艺美术协会会员、中国民间文艺家协会核雕专业委员会负责人。2011年度被评为吴中区拔尖人才；2012年11月，苏州市核雕艺术家协会成立，我任会长职务；2013年，荣获第三届东方工艺美术之都博览会暨第十一届中国民间文艺山花奖和优秀组织工作奖；2015年11月，个人工作室被苏州市人力资源和社会保障局命名为"宋水官核雕技能大师工作室"。

崔：您的核雕作品以仙、佛、罗汉等传统吉祥图案见长，艺术表现丰富、生动、自然、逼真，作品获得了哪些大奖？

宋：2006年，参加第四十一届国际旅游品和工艺品交易会，作品《金凤凰》荣获创新产品设计大赛银奖；2007年5月，参加中华艺术品收藏博览会，作品核雕《十八罗汉》和《核舟》双获金奖；同年11月，参加第四届中国民间工艺品博览会，作品《龙腾奥运》获金奖；2008年7月，参加迎奥运中国农民艺术展，作品《乘风破浪》获奇品奖；2008年10月，参加首届中国（集美）民间工艺精品博览会，作品《后继有人》获金奖；11月，参加中国工艺美术大师作品暨工艺美术精品博览会，作品《苏州园林》获金奖；2009年，作品《乘风破浪》荣获中国民间文艺山花奖；2011年5月，参加中国工艺美术大师作品暨工艺美术精品博览

《核舟》

会，作品《八仙》荣获金奖；2012 年 3 月，参加北京国际创意礼品展，作品《门神》获金奖；2012 年，核雕作品《乘风破浪》荣获苏州市五个一工程奖；2012 年 12 月，参加江苏省艺博杯评比，作品《南湖红船》获金奖；2014 年 10 月，参加江苏省艺博杯评比，作品《莲叶何田田》获金奖；2014 年 11 月，参加首届中国（苏州）民间艺术博览会，作品《五虎将》获金奖；2016 年 11 月，在 2016 中国（苏州）"启迪·苏艺杯"国际工艺美术精品博览会（以下简称苏艺杯）上，作品《多子多福》获金奖；2017 年，我创作的核雕《小籽十八罗汉头》荣获苏艺杯金奖；核雕《一百零八罗汉》在 2017 年第十届中国（长春）国际民间艺术博览会精品奖评选活动中荣获金奖；2018 年 8 月，参加十一届中国（长春）国际民间艺术博览会，核雕作品《不忘初心》获金

《南湖红船》

奖；2018 年 10 月，参加中国民间工艺品博览会暨首届中国民间
工艺传承创新观摩大会，作品《一百零八罗汉头》荣获金奖等。

崔：您为舟山核雕的传承发扬和品牌打造，做了哪些工作？

宋：一是引领舟山村民从事核雕产业，为核雕事业承上启下奠定基
础，特别在核雕行业处于低谷时期我始终坚守在核雕阵地。二是
与时俱进，大胆创造创新核雕作品，如《奥运福娃》《苏州园林》
等作品。三是善借媒体之力，报道舟山核雕，为打造品牌"先声
夺人"。如 2018 年 6 月 25 日，交通银行庆祝成立 110 周年，联
合爱奇艺拍摄的纪录片《讲究》第四季第一集《芥子纳须弥，核
雕藏大千》，此纪录片在爱奇艺的播放量已超过八千万次，受到
原国家新闻出版广电总局的表扬，使苏州舟山核雕在新媒体上扩

《生生不息》（百子戏弥勒）

大了宣传。四是积极参加全国各省、市宣传活动及展览会、展示会，推广核雕技艺在业内的知名度。如 2017 年 8 月，我带领苏州核雕知名艺人，在北京恭王府博物馆举办"芥子纳须弥，核雕藏大千"苏州非遗核雕展；2018 年 6 月，我参加中国文联举办的"中国精神·中国梦"主题创作活动，我们公司的核雕作品《不忘初心》入选中国文联青年文艺创作扶持计划，获得扶持经费 10 万元；2018 年 6 月 21 日，人民论坛网发表《非遗文化传承，核雕造福一方》的文章介绍我及苏州舟山核雕；2018 年 9 月，我参加第五届中国非物质文化遗产博览会山东潍坊分会场活动，与全国几大核雕从业者进行了交流学习。五是积极参与中国民间文艺家协会、中国工艺美术学会等艺术团体活动,提升核雕品牌价值。如 2018 年 9 月,我们公司核雕作品《不忘初心》参加第五届中国(徐州)民间工艺博览会举办的山花奖初评。六是组建苏州市核雕艺术家协会,积极传播、传承苏州核雕,弘扬祖国的优秀文化。如今舟山村的核雕事业如日中天,解决了当地失地农民的就业问题,舟山村民走上了共同富裕的幸福之路。舟山核雕村已形成核雕产业链,并带动周边村落发展。当前国内市场 80%核雕产品出自舟山,舟山核雕产业总经营面积达 53360 平方米,从业人员达 3000 人以上,各类工作室、陈列室达 500 多家。全国各地的收藏家、爱好者和文玩家都慕名前来舟山村求购核雕,特别是京津冀等北方大城市民众对苏州核雕钟爱有加,顾客盈门,生意红火,呈现出一派繁荣景象。舟山村 2018 年接待游客 20 万人,进一步推动了非物质文化遗产产业发展。舟山核雕注册了商标,搭建"互联网+"电商运作平台,倡导核雕艺人抱团经营,共同发展,2018 年核雕销售额已突破 1 亿元。

顾 连元 （红木雕刻）

『木雕之父』

木雕·杰作·传承

——对话「木雕之父」顾连元

文／崔冰

崔：顾老师好，请您谈谈传承关系。

顾：我13岁随父顾金生学艺。家父是当年藕渠帮作头，在改革开放前几年，其精雕细刻的《百狮台》在苏州问世，当时轰动一时，深受各界人士的好评，并获中国工艺美术百花奖，该作后被比利时王室珍藏。

目前，正式向我拜师学艺的弟子有七八位，我从未收取任何报酬。我的理念是：只要你能吃苦，潜心钻研，我总会无私传承。2012年，常熟高新园中等专业学校开设红木雕刻班，请我担任讲师，培训师生有20多位，由我开课传授祖上的木雕绝技，弘扬地方文化特色。我把自己所掌握的技能，无私并毫无保留地传授给弟子。

崔：您长期从事木雕技艺工作，请您谈谈多年来的主要业绩。

顾：进入21世纪后，我与盛祖保、刘建生等，创作了一件紫檀木作品《千狮台》，作品雕有姿态各

《狮雕山水》

顾连元，1948年生，苏州人。曾在常熟市春江红木厂工作。擅长红木雕刻，代表作品有千狮台、富春山居图、圆明园四十景图等。2000年与盛祖保等人设计制作的紫檀木雕千狮台被誉为『稀世杰作』。在杭州第五届中国工艺美术大师作品暨工艺美术精品博览会上，获十佳艺人荣誉称号。

异的戏狮上千只，活灵活现，气势宏大。该作品耗用5吨紫檀原料，我将所有积蓄全部投入。从2000年至2005年，整整用5年时间将其完工。整件作品别具匠心、玲珑可爱，实为木雕艺术品中的精品，并创下吉尼斯世界纪录。作品《千狮台》在杭州第五届中国工艺美术大师作品暨工艺美术精品博览会上亮相，我获十佳艺人荣誉称号。2007年作品《千狮台》又分别荣获省迎春花奖和东方珍宝大奖。

大型木雕巨作《富春山居图》，原材料为东南亚花梨木，这件作品是据元代黄公望画作雕刻而成。黄公望画作的前半卷《剩山图》现为浙江省博物馆所收藏，后半卷《无用师卷》现为台北故宫博物院所收藏。我在创作木雕《富春山居图》前三年，已用整块金丝楠木刻制了《剩山图》。作品以原作水墨画为蓝本，经过反复对照原图，在木版上进行了试刻草木、乱石等图样，非常难雕，多次失败。后来又经过工匠们的精心研究、探讨，我才找到了灵感，获得了要领，最终圆满完成这件作品。这为巨作《富春山居图》打下了坚实基础。作品《富春山居图》赴宝岛台湾展出，参观者里三层外三层，盛况空前。用木雕的构思将原作合璧，是我多年的心愿。

木雕《圆明园四十景图》，原景图秘藏于法国国家图书馆，原景

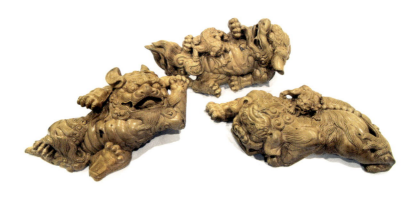

《欢乐一家亲》

已不复存在。运用木雕技艺来再现"清三代"盛世经典，是我创作的动力源泉。该作品在2016年荣获江苏省民间文艺家协会颁发的迎春花奖。

崔：您在非遗传承方面，今后有什么想法？

顾：在新时代，作为一个从事民间工艺制作的工匠，将木雕技艺传承好、发扬好，是我义不容辞的责任。我有句口头禅：小雕花，大担当。其含义是秉承公益之心，在有生之年继续努力，不忘初心，把江南民间工艺绝活发扬光大。如今，我虽已70多岁，从艺近60年，但仍活力四射，干劲十足。近20年，木雕事业得到政府和有关部门的关心和大力扶持，我更要百倍努力，弘扬祖国的优秀文化，把木雕技艺传承下去，让之世代相传。

盛祖保（红木雕刻）
高级工艺美术师

坚守工匠精神
——对话红木雕刻高级工艺美术师盛祖保

文／崔冰

崔：盛大师您好，请您谈谈从艺经历。

盛：我生于木雕艺术之家，1968年从事木工与雕刻，后受上海美术学院教授潘锡纯的入室点化，经过长期的刻苦磨炼，我掌握了一手上乘木雕功夫——"苏作"的设计、制图、木结构力学等技能，在同行中可说是一个全能多面手。1972年，我进红木家具厂任雕刻组组长；1980年，应上海市艺术品雕刻四厂邀请负责出样工作；1981年，公调上海外贸进出口公司负责修复紫檀木国宝级珍藏品；1983年，带着上海外贸进出口公司的工艺品外汇业务公调常熟，并专研雕刻至今。1995年，我创建了常熟市盛世红木厂并得到北京特批"盛祖保雕刻艺术家工作室"。近年来我为抢救红木传统技艺，配合校方培育新生代做出了贡献。

崔：您在继承传统的基础上，创作了一批又一批新作，作品获得了哪些殊荣？

盛：1992年，《抽象根雕石座》在香港国际艺术博

盛祖保，1954年生，苏州人。高级工艺美术师。长期从事红木家具的设计创作。擅长红木雕刻，以雕狮而闻名。九狮如意夺取世界民间艺术最高奖「和平鸽」金奖。2000年参与主雕的千狮台曾创下吉尼斯世界纪录。作品在国内外多次展出并获奖。现为常熟市盛世红木刻雕研究基地技术总监。

览会上夺取国际艺术金奖；2000 年，我策划与主雕的一件国宝级作品《千狮台》，曾创下吉尼斯世界纪录；2003 年，设计制作的大型《雕龙屏风》荣获苏州市第二届民间艺术节金奖；2009年，《九狮如意》在法国巴黎举办的首届世界和平民间艺术作品大赛中，经世界教科文组织等部门严格评选，作品获金奖和首届世界民间艺术最高奖"和平鸽"金奖；2013 年，《江南风情图》获江苏省迎春花奖和苏州市民间文艺金桂奖；2015 年，我在红木雕刻研究与策划、设计、创作过程中，专研古今"龙"文化和徐悲鸿大师"亚洲醒狮"，所创作的立雕巨作《中华醒狮》获艺博杯金奖；2016 年，紫檀木雕《天狮台》获苏艺杯金奖；木雕《和平盛世》获艺博杯金奖。2019 年，与顾丽娟合作的黄杨木雕《苏州园林》获取国家版权认证。

崔：您始终以"德艺"二字为标准，不断创作红木艺品、弘扬红木文化，您个人取得了哪些荣誉？

盛：我先后获得过中国文化管理学会、中国当代文学研究会颁发的中国构建和谐社会特别贡献人物奖称号，中共苏州市委宣传部、中共常熟市委宣传部颁发的"五个一工程"奖；2010 年在第五届中国民间工艺品博览会上我被认定为中国民间工艺形象大使（全国

《和平盛世》

仅一人）；2017 年，被常熟市人民政府授予虞山工匠荣誉称号；
同年，我被中共江苏省委组织部授予江苏省乡土人才"三带"名
人称号；2018 年，获常福工匠荣誉称号，被常熟市文学艺术界联
合会授予先进工作者称号。我还出席在北京人民大会堂召开的全
国道德模范和五一劳模表彰大会。业绩被载入《今日中国》《世
界名人录》《中国当代民间工艺名家名作选粹》、*Carving Arts in*

Suzhou（译名为《苏州雕刻》）、《时代先锋》《世界优秀专家人才名典》《中国工艺美术师精品集》《共和国功勋人物志》《中国知名品牌产品分类采购指引》《中国红木古典家具》和《中国非物质文化遗产通览》等中。

时 忠德（省级非遗苏州碑刻技艺）代表性传承人

『江南碑刻第一刀』
——对话省级非遗苏州碑刻技艺代表性传承人时忠德

文／崔冰

崔：时老师好，请您谈谈师承关系和如何与碑刻结缘的。

时：我的师祖是1920年在苏州嘉余坊口自设寿石斋的刻碑名家周梅谷。我师父是苏州著名碑刻大师钱荣初，也是周梅谷先生的得意弟子。我的徒弟有戈春男等。

1972年，我17岁初中毕业，被分配到苏州工艺美术厂，跟随钱荣初大师学习碑刻技艺，师父将毕生技艺倾囊相授，从此我与碑刻结下不解之缘。我清楚记得第一块刻的碑是《吴昌硕临石鼓文》。三年师满，我交出的作业则是《米南宫草书十七帖》，正是这套碑帖，让我成为七位学徒中唯一学成出师的弟子，我如愿留在厂里，成为师父的得力助手。1978年，苏州从事碑刻和篆刻的老店艺石斋筹备重新营业，我和师父转入艺石斋工作。1986年，我师父因病逝于苏州。苏州碑刻博物馆成立后，我调入博物馆，由从事生产转向古碑复制传拓，从此真正走上了传承

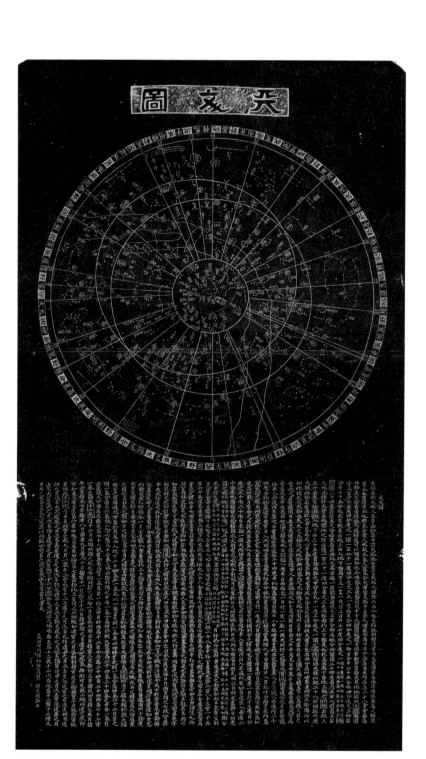

《天文图》碑

时忠德，1955 年生，苏州人。1972 年进苏州工艺美术厂工作，师从苏州著名碑刻大师钱荣初。师满，遂独当一面，刻碑数百方，代表作品有吴昌硕临石鼓文、米南宫草书十七帖等，复刻的作品天文图碑。因其技艺水平高超，被誉为『江南碑刻第一刀』。2008 年被认定为第二批江苏省非物质文化遗产代表性项目（苏州碑刻技艺）代表性传承人。

之路，一直到现在。

崔：从艺几十年，您先后复刻了许多碑刻精品，受到各界人士的好评和赞扬。

时：过奖了，我还要不断学习。在从艺几十年中，我复刻了不少名碑。我复刻了苏州宋代名碑《天文图》。1991 年，台湾自然科学博物馆致函国家文物局，要求协助寻找一位大师，复刻苏州宋代名碑《天文图》。当时，苏州碑刻博物馆领导把这一任务交给了我。时间紧、任务重，我深思熟虑后，还是接受了这一任务。《天文图》碑为苏州现存的"四大宋碑"之一，全碑高 8 尺，宽 3.5 尺，分为上下两部分，上部为星象图，记录了北宋元丰年间观测到的周天星群位置。其中刻有星名的有 339 颗，加上无名的星，共计 1440颗。下部为说明文字，共 2091 个蝇头小楷，刻工细致精密。复刻此碑，对我来讲是个巨大的考验，碑刻上细而绵长的弧线、看似散乱实则有序的星点，要精准而流畅地复制下来，实非易事。之前我有过勾描《天文图》碑的经验，所以再次勾描时，速度很快，我仅仅用了 3 个月就完成了图稿。在刻碑过程中，我经历了江南最难挨的黄梅雨季和三伏天。在刻碑的最后一段时间，因为碑身太大，我每天只能以跪姿俯身工作，几乎没有休息的时间。

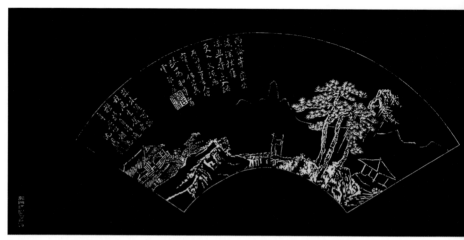

《沈周山水画》碑

我长时间贴近石碑而导致寒气入侵，腹泻不止，只能靠打点滴维持体力。在那段时间里，我虽然非常辛苦，但也很满足，因为很难有这种机会，可以这样用整整半年的时间，去深入地观察一块古碑的每一个细节。经过半年的艰苦努力，我终于按时完成《天文图》碑复刻任务。此碑运抵台湾后，引起轰动。经过专家鉴定，此复刻碑与原碑具有同样的艺术价值。"江南碑刻第一刀"的美誉从此传遍大江南北。这是别人对自己手艺的肯定，我很高兴。此碑之后，我屡有佳作，如为寒山寺复刻北宋王珪书《枫桥夜泊》第一石、明代文徵明书《枫桥夜泊》第二石、国画大师刘海粟书《枫桥夜泊》第三石、瓦翁书《枫桥夜泊》诗，为南京王谢故居复刻"鹅"字碑，为玄妙观三清殿复刻《吴道子绘老子像》碑和为北京大学复刻明代米万钟画《勺园修禊图》长卷碑，等等。

许

忠英 （核雕）

研究员级高级工艺美术师

核雕艺术的追梦人

——对话许忠英

文／怀念

怀：请谈谈您的从艺经历。

许：1957 年，我出生于苏州的传统工艺之乡——光福，17 岁学艺，从事红木、橄榄核雕刻；2005 年，结业于中国工艺美术高级研修班；2006 年，创办具有独特风格的核雕工作室；2012 年，创办苏州许忠英核雕工艺品有限公司。2015 年，个人工作室被苏州市人力资源和社会保障局命名为"许忠英核雕技能大师工作室"。我已从事核雕 40 多年。

怀：请您介绍下师承关系。

许：师祖为钟年福，师父为钟火元，本人先后共授徒 100 余人，使一批对核雕艺术充满热情的青年逐渐掌握了核雕雕刻的基本技术，使核雕艺术代代相传。徒弟中如曹静、徐芳芳已为工艺美术师，他们的作品也先后荣获江苏省工艺美术行业协会颁发的各类奖项。

许忠英，女。1957年生，苏州人。研究员级高级工艺美术师、江苏省工艺美术大师、苏州市民间工艺家。17岁进核雕行业，师从老艺人钟火元，学习核雕技艺。2012年创办苏州许忠英核雕工艺品有限公司。代表作品有十二月花神、核舟、渔家乐等。2011年11月5日，核雕作品十八罗汉搭载神舟飞船遨游太空。2015年，核雕作品十二月花神荣获第十二届中国民间文艺山花奖。

怀：请您介绍下核雕的历史及在苏州的发展。

许：核雕在我国有着悠久的历史，早在1000多年前的宋朝，史书上就有所记载。到了明清时期，核雕迎来了黄金时期，这项传统艺术不仅仅在民间广为流传，而且在宫廷也风靡一时。

众所周知，历史上最著名的核雕作品有两类：核舟雕刻和人脸雕刻。历史上有名的核舟作品有很多，如杜士元雕刻的《渔乐图》、陈祖章雕刻的《东坡夜游赤壁》、湛谷生雕刻的《苏东坡夜游赤壁舫》等。而其中最具代表性的莫过于明代巧匠王叔远雕刻的核舟。这枚核舟曾经被文人魏学洢收藏，魏学洢写了一篇《核舟记》来详细描写它，这篇文章被选入了中学语文课本，更多的人通过阅读文章了解核舟这种艺术品。

从几百年前的明代走到今天，核舟在历史的变迁中不断发展。当代，核雕的魅力有增无减，社会上出现了一大批善于雕刻核舟的名家。他们古为今用，推陈出新，创作出了大量具有时代特色的作品。例如钟年福雕刻的《东坡核雕船》、董兰生雕刻的《鉴真东渡船》以及我雕刻的《游子归航》等。

怀：请简要说一说您的核雕艺术特色。

许：我从事核雕40多年来，在继承精、细、奇、巧的基础上，将个

《十二月花神》

人对生活和艺术的感悟融于其中，形成鲜明的艺术个性。作品题
材多样，不拘一格，雕刻层次分明，生动传神，风格细腻雅致，
能于方寸之间传递出意境之美，具有很高的艺术性和收藏价值。
我的核雕艺术作品多次荣获国家级金、银、铜奖。作品《十二月
花神》获得中国民间文艺山花奖，获苏州市第十届精神文明建设
"五个一工程"入选作品奖。

怀：请介绍一下您的获奖作品。

许：2003 年 11 月，在上海国际艺术节上，核雕《一路顺风》荣获铜

奖。2004 年 9 月，橄榄核雕《核舟》在由江苏省文学艺术界联合会、江苏省民间文艺家协会举办的江苏省首届大阿福奖（工艺美术）评审中荣获银奖。2006 年，在第六届中国（杭州）国际民间手工艺品展览中，橄榄核雕《游子归航》荣获金奖。2007年 10 月，橄榄核雕《船》和核雕《香炉》在中国南京文化产业交易会暨江苏省艺博杯工艺美术精品展中，分别荣获银奖和创意奖。2008 年 11 月，核雕《三英战吕布》在第九届中国工艺美术大师作品暨工艺美术精品博览会上获得"天工艺苑·百花杯"中国工艺美术精品奖铜奖。2009 年 9 月，核雕《核舟》获得国庆六十周年苏州市工艺美术大展评比金奖。2009 年 11 月，橄榄核雕《十八罗汉》获得上海艺术暨古玩博览会金奖。2010 年 9 月，核雕《白蛇传奇》（五件套）荣获艺博杯铜奖。2011 年 5 月，核雕《喜庆舟》获得中国工艺美术大师作品暨工艺美术精品博览会金奖。2011 年 10 月，核雕《祥和舟》在第十二届中国工艺美术大师作品暨国际艺术精品博览会上获得"天工艺苑·百花杯"中国工艺美术精品奖银奖。2012 年 5 月，核雕《八仙过海手串》获得中国工艺美术大师作品暨工艺美术精品博览会金奖。2012 年 5月，核雕《一帆风顺》获国艺杯金奖。2012 年 11 月，核雕《八仙》获苏艺杯金奖。2012 年 11 月，作品《核舟》入选首届苏州市舟山杯核雕作品大赛，荣获特别金奖。2013 年，作品《万佛朝圣》在中国（开封）民间工艺美术展上荣获银奖。2013 年 6 月，核雕《万佛朝圣》荣获第十一届苏州市民间艺术节"家在苏州"民间艺术新作金奖。2013 年 8 月，作品《十八罗汉》荣获由中国文联、中国民间艺术家协会、吉林省人民政府、长春市人民政府共同主办的第八届中国（长春）国际民间艺术博览会民间艺术品金奖。2013 年 9 月，核雕《大闹天宫》荣获江苏省艺博杯金奖。2014 年 11 月，核雕《十二月花神》荣获首届中国（苏州）民间艺术博览会精品奖，并被授予苏州市民间文艺金桂奖荣誉大奖。2014 年 11 月，核雕《孙悟空大闹天宫》单粒荣获首届中国（苏州）民间艺术博览会金奖。2015 年 8 月，核雕《精忠报国》荣获第九届中国（长春）国际民间艺术博览会精品奖。2015年10月，核雕《万佛朝圣》荣获江苏省艺博杯金奖。2015年12月，作品《十二月花神》荣获第十二届民间文艺山花奖民间工艺美术作品奖。2016年1月，核雕《十二月花神》荣获苏州市第十届精神文明建设"五个一工程"入选作品奖。2016年10月，作品核雕《童年》荣获江苏省艺博杯金奖。2016年11月，核雕《小核十八罗汉》在中国（苏州）"启迪·苏艺杯"国际工艺美术精品博览会上获得金奖。2017年8月，核雕《祥运》荣获江苏省艺博杯金奖。2017年8月，核雕《荷塘月色》荣获江苏省艺

《三层核舟》

《温暖之家》

博杯金奖。2017年10月，核雕《三层核舟》在中国工艺美术协会主办的第十八届中国工艺美术大师作品暨手工艺术精品博览会上获得百花奖金奖。

怀：请列举您所获职称、荣誉称号。

许：2010年9月，被江苏省人力资源和社会保障厅评为高级工艺美术师。2015年12月，被江苏省人力资源和社会保障厅评为研究员级高级工艺美术师。2011年4月，被苏州市人才工作领导小组办公室等授予苏州市民间工艺家称号。2012年3月，当选为中国人民政治协商会议第三届苏州市吴中区委员会委员。2012年4月，被授予吴中区非物质文化遗产光福核雕代表性传承人。2012年4月，被授予2011—2012年度吴中区文化产业重点人才。2013年4月，被评为姑苏高技能重点人才。2013年11月，被授予中国核雕工艺大师称号。2014年1月，被评为2013年度工艺美术工作先进个人。2014年8月，被苏州市人民政府办公室授予苏州市工艺美术大师。2015年3月，被苏州市妇联评为苏州市三八红旗手。2015年1月，被评为2013—2014年度吴中区文化产业领军人才。2016年1月，被苏州市人才工作领导小组办公室、苏州市人力资源和社会保障局评为苏州市姑苏高技能突出人才。2016年3月，被授予吴中区十佳创新创业优秀女性荣誉称号。2016年12月，被江苏省人民政府授予江苏省工艺美术大师荣誉称号。2017年12月，被中共江苏省委组织部等部门授予江苏省乡土人才"三带"名人荣誉称号。2018年1月，被江苏省人民政府授予江苏工匠荣誉称号。2018年2月，被江苏省人力资源和社会保障厅授予江苏技能大师荣誉称号。2018年3月，被江苏省妇联授予江苏省三八红旗手荣誉称号。

怀：请您谈谈近年来论文发表情况。

许：2014年5月，在《姑苏工艺美术》发表《核雕的起源与发展》。2015年3月，在江苏艺博网"论文发布"栏目发表《论核雕的运刀与雕刻》《谈核雕作品的鉴赏》《核雕作品之核舟初探》3篇论文。

蔡云娣（澄泥石砚雕刻）
研究员级高级工艺美术师

在创新创意中求发展

——对话澄泥砚雕名师蔡云娣

文／龚平

龚：藏书是出膝村石砚的，该砚俗称澄泥砚。您作为土生土长的藏书人，砚雕手艺一定是家传的吧！

蔡：是的，我的砚雕手艺源自家传。1978 年，我 16 岁就继承父业，开始学习澄泥砚台雕刻。1983 年，我进入藏书砚台厂工作。后来我创立了苏州市吴中区木渎蔡云娣石雕艺术工艺厂，从事砚雕工作到现在。

我的祖父蔡兆堂，师从扬州碑版雕刻能手张太平。祖父的作品取意自然、构思严谨、气势凝重，平易中求新奇，淡泊中减浓烈。我的父亲蔡锦玉自幼跟随我祖父学习刻砚，他的作品清新典雅、线条挺拔、造型简练、制作精巧。父亲是我的启蒙师父。当然，我与祖辈、父辈们不同的是还有许多机会得到深造。我曾参加苏州工艺美术职业技术学院工艺雕刻专修班、中国工艺美术高级研修班等学习雕刻；得到过著名雕塑家韩美林、钱绍武等的指导；又曾多次赴欧洲考察学习。现在，我又把雕刻技艺和

蔡云娣，1962 年生，苏州人。研究员级高级工艺美术师、江苏省工艺美术大师。长期从事澄泥石砚雕刻，艺名石云，堂号『石艺斋』，是雕刻之家第三代传人。作品澄泥砚九龙戏珠曾作为国礼赠予新加坡资政李光耀。2013 年，石刻作品人生三忆荣获第十一届中国民间文艺山花奖。被联合国教科文组织授予『民间工艺美术家』称号。

知识传授给蔡承玲、钱惠琪、赵华新、韩福弟、韩建国和张衡等徒弟。

龚：所以，您的砚台雕刻技艺既有传统，又有创新。

蔡：我的技艺来自多方面：一是祖传，自小就边上学边向父亲蔡锦玉学习澄泥砚雕，打下了坚实的砚雕基础。慢慢地，我能够自己设计、画稿、雕琢，并独立完成一件作品，能熟练运用浮雕、圆雕、透雕、镂雕和浅雕等多种技法。二是我多次在美术院校学习进修，也多次去国外进行文化交流学习，把文艺复兴、巴洛克等各时期的西方雕塑技艺融入传统的澄泥石雕中。我博采众长，吸收雕塑中静与动的运用技巧，采用绘画中实与虚、局部与整体的处理方法，形成了自己独特的雕刻风格与技法。在 20 世纪 80 年代中期，我创立了石雕茶壶这一澄泥石刻新门类。

龚：正因为您独特的雕刻风格，所以您在传承传统技艺与创新创意设计方面都有建树。

蔡：在文化创意方面：2016 年首届全国砖雕艺术创作与设计大赛上荣获江南创意策划案例。在非遗传承方面：2018 年，我作为受聘的授业导师，与中国儿童少年基金会"小师傅中国非遗公益课

《人生三忆之亲情》

堂"项目及苏州市新文化（艺术品）培训学校合作，开展非遗培训，传播非遗文化。我在 2011 年就已注册了"姑苏十二匠"商标，但一直没有宣传推广。在 2019 年 4 月举行的第八届中国苏州文化创意设计产业交易博览会上，我把这十年磨一剑的理念推出，得到了广泛好评。

2011 年 11 月，我被评为第五届江苏省工艺美术大师；被评为苏州文化创意产业 2017 年度人物以及苏州文化产业 2018 年度人物。

龚：能谈谈您的获奖作品吗？

蔡：我的作品获得各类奖项很多，比如：1998 年，《梅桩提梁壶》荣获首届中国国际民间艺术博览会金奖；2001 年，《寿桃套盘》荣获中国文联、中国民间文艺家协会主办的第二届中国国际民间艺

《人生三忆之乡思》

术博览会山花奖；2005 年，《家》荣获中国民间文艺家协会主办的第二届中国民间工艺品博览会金奖；2013 年，石雕《人生三忆》荣获第十一届中国民间文艺山花奖。

龚：我知道，您有许多作品作为国礼赠送给多国国家元首和政要，也有一些作品被国外博物馆收藏。

蔡：是的，1994 年 2 月，我的《九龙戏珠》澄泥砚在中新合作苏州工业园区奠基仪式上，由国务院副总理李岚清将之作为国礼赠送给新加坡资政李光耀。还有多件作品为外交部指定国礼赠送给多国国家元首，比如：2010 年，石雕摆件《清明上河图》赠送给英国女王伊丽莎白二世，石雕作品赠送给泰国国王、比利时国王等。2011 年 4 月，英国威廉王子大婚，英国皇室希望礼物中有一

《人生三忆之母爱》

件中国特色的石雕作品。英国皇室通过英国华夏文化协会与我取得了联系，要定制一件澄泥石刻作品，我欣然答应，我决定创作一把饱含着美好寓意的石壶。在创作过程中，我特别设计了中国传统婚礼中最常见的红枣、花生、桂圆三种吉祥物，寓意为"早生贵子"。整个石壶高 12 厘米，长 18 厘米，宽 15 厘米，造型生动饱满。作品完成后，我亲自带着这件礼品飞往英国，将澄泥石壶《早生贵子》交给了英国女王代表凯丽小姐。她看到这把澄泥石壶时，惊叹不已，说："想不到一块石头也能雕出如此精美的作品，中国民间艺人的精巧技艺太让人震撼了。"这把澄泥石壶《早生贵子》作为英国威廉王子大婚礼物，现收藏于英国白金汉宫。

龚：在苏州的民间工艺界，您是一位注重做好传播宣传工作的大师。请您谈谈这方面的工作心得。

蔡：我认为，我们的传统手工艺要传承，也要创新，但更要传播。只有传播才能使传统手工艺扩大影响，扎根于民众，更好地传承、创新。2010年，我有多件石雕作品被征集到上海世博会国粹馆、江苏馆和苏州馆参展，受到中外宾客的高度评价和赞扬，并荣获大奖。2016年6月1日，《手艺》纪录片第六季之《澄泥石刻》在中央电视台《探索·发现》栏目播出。接着，介绍我与澄泥石刻的纪录片、宣传片分别在中央电视台《走进幕后》《华夏文明》《远方的家》和《国礼档案》播出。除此之外，《人民日报》（海外版）《文汇报》《世界日报》等报刊及"中国之声"等媒体专题报道澄泥石刻，影响深远，蔡氏石雕被誉为"东方绝艺"。

龚：结合澄泥石刻传承创意实践，请谈谈对澄泥石壶的创作和研究。

蔡：2004年第3期《装饰》发表了我与谢麒合写的《澄泥石壶精神——民间艺术文化现象研究》。这篇文章基本反映了我的一些观点与想法。我在文章中提出"澄泥石壶精神"有三层含义：澄泥石壶文化、澄泥石壶艺术创作及澄泥石壶的审美评价。用于石壶制作的澄泥石料虽经千万年的自然磨炼，却是毫无生命气息的，只有通过人类有意识的创造活动，以石料为物质载体，将大自然中提取的生动形态赋予其中，没有生命的石料被以"壶"的形态激发出生命，才具有了美学意义。这个创作过程就是一个人与物质载体的融合过程。

对澄泥石壶艺术创作，我总结了三点心得：一是创作应遵循自然法则规律；二是作品当文质统一，外表于美、内明于理；三是作品须追求浑然天成，不留雕琢痕迹。对澄泥石壶的审美评价，我提出了三个标准：第一是"造型的独创性"，作品的造型在外观上展现为点、线、面体的组合关系，色与肌理的巧妙处理往往可以烘托并强化这种组织关系；第二是"刀功的风骨气韵"，要想表达好澄泥石壶作品的精神、自然意象，体现作品的美学价值，

《君子情》

必须有精湛的雕刻技艺作为表现基础；第三是"意象情怀的生动性"，比如被泰国国王收藏的澄泥石壶作品《寿桃套盘》，大桃壶圆润、饱满、端庄，桃壶的壶柄设计为老树枝干，蜿蜒盘曲至壶身，自然发出新枝绿芽，借"老树发新芽"喻指国王虽年迈，但生命不息、青春焕发；取意于中国以"九"为至尊的传统，九只鲜活生动、线条流畅的小桃杯环绕在大桃壶周围，预示了王权的至高无上，象征着永恒的凝聚力。

徐义林（国家级非遗制扇技艺）
代表性传承人

『江南扇王』徐义林

——对话国家级非遗制扇技艺代表性传承人徐义林

文／柯继承

柯：请您简单介绍一下您的从艺起点、师承关系。

徐：1948 年，我拜胡汉东为师，从事苏扇制作。

柯：请您介绍下苏扇。

徐：苏州折扇，有男扇、女扇之别。男扇就是常见的竹骨纸折扇，扇面多以白色绵筋纸为主，纸上都有书画。女扇主要是用黑绢或彩色绢作扇面，扇面上多见彩色花鸟画。苏州折扇特点主要体现在扇骨的制作特色和扇面的书画风格上。通常说苏州折扇的基本特点，指的就是竹质扇骨的制作特色，竹质扇骨才是苏扇最为关键、最见地方特色的工艺工序。

制作扇骨的材质可以是紫檀木、鸡翅木、湘妃竹、毛竹、牛骨等。在各种材质中，竹质扇骨的制作难度最大，也最讲究。竹质折扇扇骨，在制作时，首先要选好竹材，又经煮、晒、劈、成形、烘烤、打磨后，或雕刻，或涂漆镶嵌，再经烫钉、装配等一系列工艺才告完成。其中一些关键步骤，如打磨、雕刻、镶嵌等技艺，都有特

徐义林，1933年生，苏州人。苏州市民间工艺家。从事折扇扇骨造型艺术已有70多年。少时便在胡汉东制扇作坊学艺，后进苏州扇厂工作，从事制扇造型工艺研究，制作的高档水磨骨竹折扇『和尚头』『燕尾方』以及紫檀木、乌木、红木等扇骨的头样造型折扇上百余件，深受收藏家的喜爱。2007年被认定为第一批国家级非物质文化遗产代表性项目（制扇技艺）代表性传承人。

殊的传世高招，要掌握它，仅靠勤奋还不行，还要有艺术悟性。从采竹到扇骨造型，就有70多道工序，非常考究。竹质扇骨所用的毛竹竹料，一定要浙江安吉与安徽广德交叉地带所产的五至六年的竹子，这种竹材最适合制作扇骨了，但也只用其中段，根段与竹梢都是不能用的。而且竹材的采伐时间一定要在冬季，所选的中段竹子表面要细腻，筋脉要细密；筋脉粗凸，或有斑点的都不能用。采好的竹材，还得阴干存放三至五年，才能用于制作扇骨。大部分关键工序，如设计制作扇骨，烘烤、打磨竹材，制造供扇面用的绵筋纸等，都需要独门技艺或独特工具以及较大生产场所。

旧时苏州制扇散于民间作坊，并附设销售扇子的店铺。苏州解放初期，制作苏扇的作坊一共有60多家。1954年底，在有关部门的引导下，制扇作坊形成制骨、糊面、漆作三个联系小组。制扇最根本的工艺是制作扇骨，所以制扇老师傅大多数都安排在制扇骨的一组，当时制扇骨的大师傅共有108位，戏称"108将"，我就是其中的一位。1956年，三个小组合并起来正式成立合作社。由于制作的扇子种类多，有团扇、折扇、檀香扇等，后来又衍生出用竹片糊上广告纸的圆形纸扇（一称纸团扇），所以制扇合作社也分分合合。后来，分别成立苏州折扇厂、苏州檀香扇厂、苏

徐义林制九寸十八档燕尾扇

州纸扇厂。1970 年，才真正成立了"大一统"的苏州扇厂。一年
多后，制作檀香扇、绢宫扇、香木扇的又从苏州扇厂分离出来，
成立了苏州檀香扇厂。此后，苏州扇厂成为主要生产具有苏扇特
色的折扇厂家。

柯：请您谈谈您的从艺经历。

徐：我一直在苏州扇厂从事制作扇骨的技术工作，后被调入设计室，
我便把工作重心转移到打样（产品设计）与研制创新方面，但主
要精力仍放在扇骨制作与设计的工艺传承上。扇骨的形状很重
要。扇骨的大边，有长、短、方、圆、宽、窄、肥、瘦和花式、
素式等，以平直、俊秀为首。扇头花样更多，我在传统折扇圆

头、燕尾和方根这三种基本形状基础上，衍化出了数十种形状各异的扇骨。形态既定，紧跟上的就是刀锉技艺。扇骨放平在桌上，需要四角不见翘，放着服服帖帖，而竖起站立不会倒。最体现刀锉难度的燕尾、和尚头、排茄、古方、玉兰、梅花等扇骨、扇头尤显精巧功夫。我统计过，我所制作的扇骨形态，包括来自传统的、改良的或自己设计制作的，已在一百五十种以上。一些骨材（如毛竹、湘妃竹、棕竹、桃丝竹、乌木、黄花梨、罗汉竹等），色光俱美，丝纹缕缕，韵味天成，但最后还得加以打磨。苏扇扇骨，主要以水磨为主，称水磨骨。

扇骨打磨有水磨、干磨两种。苏州折扇就是以水磨骨闻名的，做扇骨需要打磨，我们不用砂皮，而是用一种长有细枝棱的木贼草。初步经过刮锉的竹质扇骨，用浸湿的木贼草磨光、晾干，再用榆树叶打磨提光，显出细净和光泽，最后上一层四川白蜡，娇嫩玉润的竹皮就十分爽目了。如果只用砂皮打磨光亮的，就称干磨，干磨出的扇骨比较粗糙，而且显得浮泛，一般我们不用。相反，经过水磨的竹刻骨，润滑洁净得如玉石一般，所以也称"水磨玉竹"。1983年我创作和总结的水磨骨及其整套工艺程序，获得了国家认可，苏州扇厂也成功注册了"孔雀牌"商标。

除了竹扇外，我也做过红木系列的套扇，1998年，我还曾经用象牙、乌木和紫檀木三种材料试做过一组三把扇，象牙是白色的，紫檀是红色的，乌木是黑色的，他们分别代表传说中刘备、关羽、张飞三人的肤色，有人戏称为"刘

徐义林制金鱼头扇骨
杨惠义刻

关张桃园三结义"，引起收藏界人士的极
大兴趣。之前，我还研制了十多把两米多
长的巨型折扇，扇面上绘的是苏州园林风
景，在当时创下了全国制扇之最。

柯：您所获职称、荣誉称号。

徐：2007 年，被评为国家级非遗项目（制扇
　　技艺）代表性传承人。几十年来，我研
　　制、配置、修复的各类扇骨已达数十万
　　件。我被人们誉为"江南扇王"。

徐义林制庙门肩、和尚头扇骨
李宗贤留青刻扇骨

范广畴 （国家级非遗装裱修复技艺）代表性传承人

装裱艺术 妙手回春

——对话国家级非遗装裱修复技艺代表性传承人范广畴

文／龚平

龚：范老师好！您从事苏裱业已有一个甲子了，您是怎么与苏裱结缘的呢？

范：我是 1936 年出生的。上中学时，我在金太史巷的市二中读书，每天都要经过嘉余坊。巷口有一位裱画师傅，我每天上学、放学都要经过他门口，我经常被他的裱画所吸引。记得有一天看到他那里有一张费晓楼画的仕女图只剩半张了，过些天经过再看见这张仕女图已经是完整的了，这让我印象深刻。这位裱画师傅就是苏裱名家谢根宝大师。学校毕业后找工作，当时我戴了副眼镜，文绉绉的，我说我喜欢裱画。为什么我会喜欢上这一行当，因为我得知苏州要建博物馆了，苏州又是吴门画派发源地，历代书画很多，有博物馆一定有书画收藏，有书画收藏就需要修复旧画，所以我爱上这门装裱艺术。1956 年 10 月，我在苏州第一裱画生产小组拜谢根宝为师，学习苏裱技艺；学习三年，初窥了苏州装裱的门径。当时，我在生产小组工作时，一边向谢根宝师父学艺，一边也注意其他老师的装裱技术手法。我从一开始学装裱就抱定两点宗旨：既要做得好，又要做得快。人家要一块钱做的，我只要八毛钱就能做；人家不会做的，我都能做。1958年至1996年，我先后在民间工艺厂、苏裱合作社、吴门画院和中国苏绣艺术博物馆等任装裱师，负责旧画修复的技术指导工作，从事书画、刺绣的装裱修复。2008年，我受聘担任苏州博物馆书画装裱修复工作室技术指导。

龚：苏裱的传承谱系是十分清晰的。您在苏裱传承中发挥了重要作用。

范：我的师父是苏裱名家谢根宝，我的师祖是清末上海鉴古斋苏裱名家周德生。我有幸跟谢根宝师父学艺，我的师兄弟还有谢光耀、谢光浩、谢光寒、谢小娟和谢祖耀等。后来我在各个不同阶段也招收了一些徒弟，有艺石斋的蒋欣；民间工艺厂的钱才伍，后来他被聘到了苏州国画院；中国苏绣艺术博物馆的徐志强。2008年，我被聘到苏州博物馆书画装裱修复工作室担任技术指导，当时张欣馆长明确跟我说："我们请您来，不单单是来给馆藏书画进行装裱修复的，而是要把您一生的技艺留下来，传下去。"所以我在苏州博物馆又带了王嫣妮、张华等，还办了几期苏裱技艺培训班。

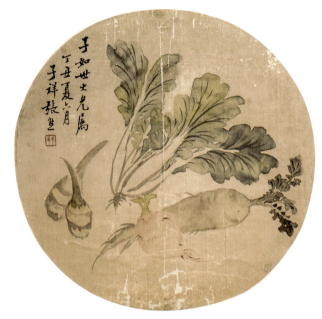

团扇面画（修复前）

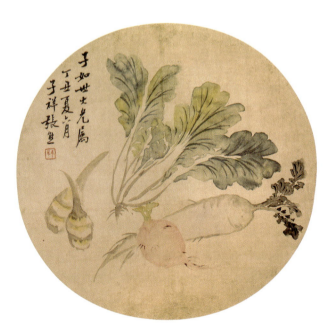

团扇面画（修复后）

龚：请您介绍一下苏裱的历史。

范：从历史发展来看，我国在东汉初年就已经有了装裱。在唐代，宫内已有了专职裱画匠。到了宋徽宗时，宫内建翰林图画院，并且设装裱提举官。因为皇权倡导，装裱技艺水准在北宋时形成了一个高峰，装裱裁制有成式，为后人师法，历史上叫"宣和装"。苏裱起源于宋元时期，盛于明代。明宣德以后，随着苏州经济繁荣以及吴门画派崛起，苏裱技艺得到发展，形成了选料精良、配色文雅、装置熨帖、整修得法、形式多样、裱功精妙的工艺特色和艺术风格，号称"吴装"，四海闻名。到了明代嘉靖、万历年间，吴中装裱修复名家辈出，全国的装裱修复重心慢慢转移到了苏州。苏州装裱承前启后，自成一家，有"吴装最善，他处无及"的美名。

龚：请谈谈您多年从事古字画修复工作的心得体会和经验技巧。

范：书画装裱修复是一门传统技艺，艺术性、实践性很强。我做了60多年装裱，要说体会：一是要根据不同的画作来构思装裱形式，做到整体与局部比例协调，装帧也要完美；二是在技术手法上要娴熟干练，精益求精；三是要坚持修旧如旧的原则，修复破旧污浊、发霉虫蛀的画作时，要运用传统工艺手法，这样既不会损坏原貌又有利于保存画作。这就是我做装裱、古字画修复的一个重要方面。

老话讲，装裱师傅是"书画郎中"。古字画修复如同医生给病人看病一样，也要有流程：首先是查看残破状况，也就是诊断这幅古字画的"病因"，这与中医的望、闻、问、切一样；其次是制定修复方案；然后就是根据方案需要选配辅料和用材。这些工作做好后就进入动手阶段了，大体要经过漂洗、揭画芯、补画芯、全色、接笔、砑装等流程。这些在操作中都有经验与技巧。我们修复的每一幅古字画，所用材料不一样（比如修复不同时期古字画时所用的纸张就不一样），画法不一样，技艺不一样，做法也不一样，所以各个方面你都要去照顾到。我在学徒时就学习中国画

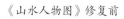

《山水人物图》修复前　　　　　《山水人物图》修复后

的绘画技巧，不断地从中国书画中汲取养分，所以全色基本是难不倒我的。我经常对徒弟说："接笔时，你一定要理解画意，比如枝叶的脉络，只有理解了，你才能落笔。你把刚柔虚实都把握好了，就能显示这幅字画原本的画意、情趣和风格。"所以，修复古字画需要具备一定的审美情趣、书画知识和鉴赏能力。修复书法作品时一定要掌握笔势，注意从上到下、从左到右的变化。草书作品的接笔最考验功底，隶书、篆书在接笔时手里慢一点、快一点都没关系，但草书接笔必须要搞清楚运笔的走势，不然最容易犯"画蛇添足"的毛病。所以，全色、接笔后的古字画看上去天衣无缝，其实离不开装裱师傅的书画功底。

龚：您在苏裱修复方面有哪些作品，您还得到过哪些荣誉？

范：我修复装裱的主要作品有南京博物院所藏的唐寅《洞箫仕女图》、天津艺术博物馆所藏的陈洪绶《人物图轴》、南通博物苑所藏的黄慎《历史人物屏》和苏州博物馆所藏的徐渭《青天歌长卷》、《洛神图》（文徵明、仇十洲合璧）、金农《格言手卷》、王翚《山川云烟图》、傅抱石《山水轴》等。我抢救修复了淮安明代王镇墓出土书画 25 件和常熟市文物商店王一亭《山农先生像》等。我的获奖作品有《仿宋王希孟千里江山图》巨幅手卷于 1976 年获全国工艺美术展奖，《初露》于 1987 年获江苏省工艺美术书画展装裱奖。

20 世纪八九十年代，我曾先后赴日本和美国进行文化交流，去日本主要是开展裱画技艺交流并做技术操作表演；去美国北卡罗莱纳大学，是作为教授进行裱画讲学。2006 年，还赴我国台湾地区做"苏裱技巧示范"和"从裱画技巧谈国画的鉴定"的讲学。20 世纪 80 年代，我就担任苏州市工艺美术学会苏裱技艺研究会名誉会长；2012 年 12 月，被认定为国家级非遗项目（装裱修复技艺）代表性传承人。

留住苏派鸟笼
——对话苏派鸟笼名人颜虎金

文/怀念

怀：请谈谈您的从艺起点、师承关系。

颜：我年少时家境清贫，12岁辍学。20世纪60年代，为打破生活困境，也因看到了苏州鸟笼市场的前景，决定学习制作鸟笼。1966年，拜苏州鸟笼界声名显赫的老师傅陈瑞林为师。我还向荣全、卞水生、金三畏等三位师傅学习不同的鸟笼制作技艺，我和他们都是亦师亦友的关系。我擅长做"绣眼笼"，其美观大方，坚固耐用，因底座上刻有一个"虎"字，又称"虎字笼"，名闻江浙沪一带。

怀：请您介绍一下苏派鸟笼历史及在苏州的发展。

颜：苏式鸟笼制作的历史最早可追溯至宋代，《南村辍耕录》中有记载："詹成者，宋高宗朝匠人，雕刻精妙无比。尝见所造鸟笼，四面花版……"根据这段史料推断，苏州鸟笼工匠詹成是当时鸟笼制作第一人。宋元之后，苏州逐渐成为全国手工艺生产中心。至明清时期，民间养鸟玩

《紫檀嵌金丝螺钿绣眼笼》

颜虎金，1938年生，苏州人。从艺50多年，操作熟练，技艺高超。他善做『绣眼笼』，因其美观大方，坚固耐用，底座上刻有一个『虎』字，故称为『绣眼笼』，又称作『虎字笼』。代表作品有冰梅顶葫芦藤绞丝绣眼笼、松鼠采葡萄竹节绣眼笼等，这些鸟笼不同凡响，其造型优美，材料名贵，美不胜收。现为苏州市第四批非物质文化遗产代表性项目（苏派鸟笼制作技艺）代表性传承人。

笼的风俗达到高潮，苏州的鸟笼制作技艺与规模也随之发展至鼎盛时期。改革开放后，苏式鸟笼技艺在我的带领下逐渐复苏，在21世纪创造了新的高度。

怀：请谈谈您对苏派鸟笼的传承、发展、创新、主要业绩与贡献。

颜：我主要继承了苏式鸟笼的传统制作技艺，同时挖掘复制出了已失传200多年的清代"冰梅顶绣眼笼"，我所制作的"冰梅顶绣眼笼"名闻四方，为收藏之珍品。我在传承技艺的过程中，广收高徒达10多人，其中先将技艺传授给了女儿颜小英和女婿张琪林，夫妻俩制作的鸟笼，继承了我的风格，有一种文雅之气，极受玩家的青睐，也成为藏家之珍品。他们利用名字谐音，将鸟笼命名为"麒麟笼"。笼底刻有"麒麟"符号，作为品牌。我为帮助贫困山区的农民，又主动将制作鸟笼的技艺传授给浙江、安徽山区农民。在浙江临安青山镇收徒弟童幼敏、陈传发；在安徽凤阳县石门山镇，又收徒弟方清华、方华等，共有数10人。这些徒弟现在也是制作苏派鸟笼的中坚力量，改变了当地的贫困面貌。近几年，我全力打造苏派鸟笼，在用料上下足功夫。如使用金

《煎竹冰梅顶葫芦藤绣眼笼》

银、螺钿、贝壳等材料，集雕刻、镶嵌多重复杂工艺的"福"
"禄""寿""禧""财"系列官印笼，设计巧妙，做工精细，高
贵典雅，富丽堂皇，可以说是传世之作。

张晓飞（桃花坞木版年画）
中国工艺美术大师

桃花坞年画创作生涯
——对话中国工艺美术大师张晓飞

文／怀念

怀：请谈谈您的从艺起点、转折、师承关系。

张：1962 年，苏州工艺美专毕业后，分配到苏州剧
装戏具厂担任戏装道具设计工作，后被调到新成
立的苏州工艺美术厂，从事碑刻创作以及核雕
等工艺品的图稿设计。20 世纪 70 年代，又被调
入苏州刺绣研究所，从事刺绣画稿的创作。1980
年，被调到苏州工艺美术研究所任设计室主任。
一年后，桃花坞木版年画从工艺美术研究所
分离出来，成立独立的年画社。我担任年画社
创作室主任，从此开始了桃花坞木版年画的创作
生涯。

怀：请介绍一下桃花坞木版年画的历史及在苏州的
发展。

张：木版画首见于隋唐时佛经扉页中，自宋及清，因
戏曲杂剧和绣像小说的勃兴，用于制作插图的
木版画得以发展。苏州桃花坞木版年画的制作
始于明末，至清雍正、乾隆年间，进入全盛期，
数十家年画铺分布于冯桥、山塘街和阊门内桃花

张晓飞，1941年生，苏州人。高级工艺美术师，中国工艺美术大师。从艺50多年，擅长中国画、桃花坞木版年画，先后创作了一批水乡风情的桃花坞木版年画，作品比绣艺、水乡四季图、水乡元宵分别在第三、四、五届全国年画展上评为三等奖、二等奖、一等奖，作品曾在国内外展出并被收藏。现为中国美术家协会会员。

坞一带，木版年画的年产量达百万张以上。年画作品不仅传遍全国，还传入日本，影响了浮世绘的创作。

怀：请谈谈您对从事工艺的传承、发展、创新、主要业绩与贡献。

张：苏州自明清以来一直是著名的贸易口岸和商业繁华之地，大量经商船舶往来于日本及东南亚各国，苏州桃花坞木版年画大量流入日本的京都、大阪及东京等地，受到艺术爱好者和收藏家的追捧，并对江户时代日本浮世绘版画艺术产生了很大的影响和启发，日本的中国木版年画爱好者常常寻根到古城苏州找我本人。我创作之余，坚持研究苏州桃花坞木版年画的历史和鉴赏方法，分析画种特征，分析木版年画从文人创作、吸收西画技法、影响日本浮世绘到退向农村的历史，多次在各种场合呼吁保护这门古老的艺术，致力于提高社会民众对其的关注度和鉴赏能力，向更多的人宣传。我认为：一是应该把桃花坞木版年画跟苏州民风民俗结合起来，用年画的特色来表现姑苏的地方特色。民间年画有很多种，各地有各地的特色，除了艺术形式上各有特点以外，题材内容也应该有所区分，只有作品中地域性特征加强了，才能和其他木版年画产地的作品拉开距离。二是艺术发展的生命力在于创新。虽然传统很重要，但若你的作品还是和传统一样的话，说明你的艺

《小巷吴歌》

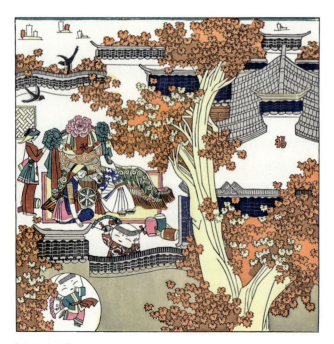

《太湖金秋》

《柳荫绣女》

《水乡灯节》

术作品的生命力没有得到延续，对艺术本身的发展没有太大的贡献。复制传统作品的同时，不要忘了去创作新的作品。无论成功与否，先留下作品，供后人研究，同时还必须在年画的感染力、学术性、艺术性上下功夫。

怀：请您列举您的获奖作品。

张：1985 年，《比绣艺》获得第三届全国年画展三等奖。这次评选是自 1953 年中断年画评奖后时隔 32 年的首次评奖。1988 年，组画《水乡四季图》(《小巷吴歌》《柳荫绣女》《太湖金秋》《水乡灯节》) 获得第四届全国年画展二等奖。1993 年，《水乡元宵》获得第五届全国年画展一等奖。

怀：请介绍一下您所获职称、荣誉称号。

张：1993 年，我被授予中国工艺美术大师称号。1997 年，江苏省人民政府授予我江苏省有突出贡献的中青年专家称号。

史仁杰（麦秸画）

江苏省工艺美术大师

『中国麦秸画创作第一人』
——对话江苏省工艺美术大师史仁杰

文／吴建伟

吴：史大师好，请您谈谈麦秸画的历史和在苏州的发展。

史：麦秸画，是以麦秆为原材料，经手工艺人劈成细丝，粘贴成画的一种手工艺品。

麦秆制品在苏州有着悠久的历史。在漫长的农耕社会历史中，先民们早已把麦秆编织成用以夏季遮挡烈日的草帽和纳凉的扇子，以及供孩童玩的麦秆船、麦秆姑娘、宝剑等，麦秆制品是民间极为常见的手工艺品。到了 20 世纪 50 年代，太仓出现了麦秸画。最初的麦秸画先以精选的麦秆劈成篾片，然后编织成虎头、如意等民俗吉祥挂件，受到人们的青睐。后来，有一些对麦秸画感兴趣的年轻人开始边研究，边实践，给古老的麦秸画赋予新的创意，麦秸画在太仓这片文化的沃土上生根、开花、结果。太仓的麦秸画生动活泼，美不胜收，惟妙惟肖，细致入微，令人叹为观止知名作品有《龙凤呈祥》《鲤鱼戏水》《雄鹰展翅》和《八骏图》等。

史仁杰，1942年生，苏州人。苏州市工艺美术大师、江苏省工艺美术大师。1958年首创麦秸画上海外白渡桥。被誉为『中国麦秸画创作第一人』。2006年创办史仁杰麦秸画工作室。热衷于麦秸画的创作与制作。代表作品有金鱼乐游、敦煌天女、东方之冠、南海观音、新加坡风光等，作品曾多次在国内外展出并获奖。

吴：您是什么时候从事麦秸画创作的？

史：1958年，我在上海首创了麦金艺术。后经多年的探索研究，我独创出一套刮、扦、划、劈、切、剪、镂、刻、剖、拼、镶等加工方法，和勾线、集丝、聚点、拉毛、镂花、重叠、交叉、拼贴、镶嵌、衬垫等制作工艺。利用麦秸天然的光泽、色彩、纹理、质感的特点，选择不同的厚薄、粗细、表里、深浅的材料，运用画面的明暗、黑白、疏密、聚散的对比，做到点、线、面巧妙搭配，画、情、意有机结合，从而使麦秸画具有刺绣的精细、工笔的灵秀、漆画的华贵、织锦的高雅。作品中的亭台楼阁金碧辉煌，小桥流水诗情画意，翎毛虫鱼生动传神，花卉仕女婀娜多姿……真可谓"华而不媚，素而脱俗，画中有诗，画中有情"。

吴：请谈谈您的代表作品和获奖作品。

史：我的作品先后在国际、全国和省市各类大赛中获得各级奖项。代表作有《金鱼乐游》《韦驮菩萨》《南海观音》《佛陀纪念馆》《莲花观音》《东方之冠》等，这些作品分别由加拿大和新加坡佛光缘美术馆，以及江苏省工艺美术馆、台湾佛光缘美术馆、上海世博会和三民文化博览馆收藏。作品《自在容颜》《新加坡风光》分别馈赠于佛光山师祖星云大师、新加坡副总理。另外许多作品被

《太仓风景·山园》

美国、日本、澳大利亚及欧洲、东南亚等国，以及我国港澳台地
区等爱好者珍藏。我曾接受北京、上海、河南、江苏、山东、云
南、台湾，以及马来西亚、新加坡等多家新闻媒体采访和报道，
被誉为"中国麦秸画创作第一人"。

吴：目前，您所获职称和荣誉称号。

史：江苏省工艺美术大师、江苏省工艺美术名人、苏州市工艺美术大
　　师、苏州市民间工艺家，现为中国民间文艺家协会会员和中国工
　　艺美术协会会员。

仇庆年与姜思序堂国画颜料

——对话国家级非遗国画颜料制作技艺代表性传承人仇庆年

文 / 怀念

怀：请问您的从艺起点和师承关系？

仇：我 1963 年高中毕业后，进姜思序堂国画颜料
生产合作社工作，师从姜思序堂老艺人薛庚耀。
1983 年，我担任苏州姜思序堂国画颜料厂的技
术副厂长，是传统中国画颜料工艺嫡系传人。

怀：请问姜思序堂国画颜料的历史及其在苏州的发
展情况？

仇：明清以来，苏州吴门画派一直是名人辈出，这也
进一步推动了传统国画颜料制作技艺的发展，
苏州姜思序堂制作出来的国画颜料就一直是国
画名家的首选。"姜思序堂"是苏州的老字号，
始建于清乾隆年间，首创者姓姜，"思序堂"是
其书画厅堂的名字。传到民国，姜少甫身体不
好，改由弟子薛文卿继承，其子薛庚耀就是我的
师父。

1956 年，成立姜思序堂国画颜料生产小组，薛
庚耀任组长。1958 年，生产小组并入苏州文化
美术工艺厂，隶属苏州市工艺美术局。1961 年，

仇庆年，1944年生，镇江人。高级工艺美术师、江苏省工艺美术大师，传统中国画颜料工艺第五代嫡系传人。长期研究制造中国画颜料和书画印泥的制作技艺，多年来，先后研制的不褪色霜青颜料、锦盒套装国画颜料、高级八宝书画印泥，荣获多项赛事金奖和银奖。2008年成立苏州『庆年堂仇氏颜料印泥研究室』。现为中国文房四宝协会会员。2018年被认定为第五批国家级非物质文化遗产代表性项目（国画颜料制作技艺）代表性传承人。

又改组为姜思序堂国画颜料生产合作社。姜思序堂是全国著名的中国画颜料专业店铺，是我国创立较早、知名度较高的国画颜料生产作坊之一，其国画颜料及八宝书画印泥享誉全国。

姜思序堂生产的颜料，有石青、石绿、花青、赭石、朱砂、银朱、朱标、胭脂、洋红、泥金、泥银、铅粉、藤黄等品种，有些颜料还有深浅不同和轻胶、重胶之分，以及"天"字等上品的分类。其生产的原料，可分为矿物性的、植物性的、动物性的、金属的和化工合成的五大类。这些原料的产地分布在全国各地，有些在山野密林、幽谷穷荒之处。由于各种原料的性质各不相同，制造方法也就各异，有的要椎磨，有的要浸泡，有的要取其实质，有的只需上提浮磲。即使同一原料，也因有优劣之分，必须善加选择。但无论何种原料，在制造颜料时都离不开用胶，胶质的好坏和施用时浓淡调配得是否适当，都直接影响到成品的质量。如制造青绿时虽则必须用胶，但在制成时必须把胶出清；泥金、泥银制造时须借胶质的黏性才能研磨；其他如花青、赭石、朱标、胭脂、洋红等质轻的颜料，更是以胶为体，成品必须熬成膏块，才能方便使用。有些原料需要先手工磨碎，粉碎后的细状粉末，还要再经过研磨、下胶、沉淀、煎煮等十多道工序。制色时人不能走开，有时还要连续待上四五个小时。如此细磨慢研，最终出炉

珍贵的传统国画颜料矿石从左列三图到右列四图依次为：蓝铜矿、赭石、孔雀石、雌黄、丹砂、绿松石、雄黄

的颜料才能细若轻尘，入水即化，纯净光润，色泽庄重。

由于制作国画颜料的部分原料日见匮乏，工艺大多依赖手工，制作繁杂，产品市场有一定的局限性，传统国画颜料工艺目前面临后继乏人的困境。

怀：您对姜思序堂国画颜料的传承、发展、创新、主要业绩与贡献有哪些？

仇：2008 年建立苏州"庆年堂仇氏颜料印泥研究室"；2008 年获得高级工艺美术师职称；2000 年应邀在中央美术学院做"传统中国画颜料"学术讲座，并被聘为中国传统版画工作室学术顾问；2011 年获得江苏省人民政府颁发的江苏省工艺美术大师称号；2013 年 5 月获得第四批省级非遗项目（苏州姜思序堂国画颜料制作技艺）代表性传承人；2018 年获得第五批国家级非

国画颜料传统包装（上为小盒包装膏状颜料，下为小纸包装粉状颜料）

遗项目（国画颜料制作技艺）代表性传承人。

我长期从事传统国画颜料、印泥的研究，继承发展国画颜料的传统技术，传承镜面八宝印泥等制作工艺的全手工工序。我研究出的不褪色霜青颜料色泽明净，经久不变、多裱不脱，能存藏千年不变。上海国画院原院长、著名大画家唐云称本人的制作技艺为"江南独步"。1982年，霜青颜料获得苏州市工艺美术系统精品展览奖。2014年，我所制作的锦盒套装中国画颜料获得首届中国（苏州）民间艺术博览会精品奖；镜面八宝印泥、古色印泥获首届中国（苏州）民间艺术博览会银奖。

本人为传承传统技艺，多年为各地院校以及书画院、书画篆刻协会、寺院、中国工笔画研究院等机构做有关中国画颜料多方面的知识讲座，认真带领仇寅、仇骏、杨佳黎学习传统颜料的原料识别、分类及初步工序、工艺操作等。2014年12月，为传承传统

石黄矿石制作：一、敲碎；二、敲小；三、捶细；四、上筛；五、过筛；六、分拣；七、入钵；八、研磨

颜料技艺，我经过几年努力，由苏州大学出版社出版了《传统中国画颜料的研究》一书，以文字形式传承技艺。2017 年 12 月 8 日，本人在中央电视台《国家宝藏》第一季《王希孟〈千里江山图卷〉的前世与今生》节目中，作为国宝守护人出镜，为广大观众展示并制作国画颜料，传承国画颜料技艺。

筱文（国家级非遗苏州灯彩）
代表性传承人

情系苏灯代代传
——对话国家级非遗苏州灯彩
代表性传承人汪筱文

文／怀念

怀：请问您的从艺起点、师承关系？

汪：1945 年出生于苏州，从事苏州灯彩设计、制作工
作已 57 年。17 岁进入苏州民间工艺厂，先后拜
著名民间工艺家周公度、画家沈彬如为师，随师
苏灯艺术家吴仁昌、杨锦昌、吕泉福等学艺，专
攻苏州灯彩设计与制作，在名师名家的亲传和
教诲下受益良多。对苏州灯彩的"扎、糊、剪、
绘"四大技艺的掌握和运用，我在江苏省灯彩
业界，乃至全国灯彩业界中可称得上绝对高手
且具有非凡的影响力。

怀：请问苏灯的历史及在苏州的发展？

汪：苏州灯彩史称"苏灯"，苏州灯彩已有 1600 多
年的历史，它起源于南北朝，盛于唐宋时期，宋
代苏州灯景之盛已不逊于汴京，据《苏州府志》
记载：南宋乾道癸巳和咸淳戊辰，都是闰正月，
苏州百姓重庆元宵。据《石湖乐府·序》中说：
吴中风俗，尤竞上元，前一月，已卖灯，谓之灯
市。南宋诗人范成大诗云："吴台今古繁华地，

汪筱文，1945年生，苏州人。高级工艺美术师、苏州市民间工艺家。研究开发了"绢衣泥人"动态人物大型组景灯彩，是第二代苏州灯彩创始人。在50多年漫长的艺术生涯中，为苏州灯艺术的传承、创新和发展，付出了毕生的精力。与广州东方乐园联合开发的"古灯奇观"大型游乐项目，填补了国内游乐项目的空白，并得到迪士尼游乐协会的高度评价和赞扬。制作的苏灯作品曾多次在国内外展出，并获奖。2006年建立苏州市汪筱文灯彩工作室。2018年被认定为第五批国家级非物质文化遗产代表性项目（苏州灯彩）代表性传承人。

偏爱元宵影灯戏。春前腊后天好晴，已向街头作灯市。"上元赏灯风俗的盛行，以及苏州众多的园林、官邸、私宅陈设布置的需要，促进了苏州灯彩工艺的发展。

宋代时苏州灯彩已成为一个独立的行业。据《乾淳岁时记》记载：灯品之多，苏、福为冠，新安晚出，精妙绝伦。又称：禁中元宵张灯，以苏灯为最。圈片大者，径三四尺，皆五色琉璃所成，山水人物，花卉翎毛，种种奇妙，俨然着色便面也。在宋代，全国灯彩业已经形成四大流派，"苏、福、粤、京"（苏指江苏苏州，福指福建泉州，粤指广东潮州、佛山，京指当时的京城），苏州位居首位，足见当时苏州灯彩制作技艺，已享誉全国。

到了明清两代，苏州灯彩更加丰富多彩，特别在苏州古典园林建筑艺术和明代吴门画派艺术的影响下，逐步形成自己的独特艺术风格。苏灯融扎糊、剪纸、绘画、装饰等多种艺术为一体，以亭、台、楼、阁为主要造型，结合中国画山水、花鸟、人物等，加上五彩缤纷的套色剪纸，独具一格，饶有情趣。最具巧思的可称得上走马灯，它的造型犹如苏州古典园林中的亭台，灯壁使用双层暗花，灯的内壁画上人物、走兽飞禽等图案走马似的循环往复，色彩透明鲜艳、生动逼真、活灵活现，将动与静、亮与美和谐地融于一盏灯彩中，苏州人称这种走马灯为"有来哉"灯。当时苏

《龙凤灯船》是汪筱文和他师父吕泉福合作的作品

州的灯节更盛。在吴趋坊、西中市、吊桥、南濠街一带，灯市兴旺，蜿蜒十数里，悬挂各种灯彩，供人观赏，同时出售。开市之日，商贾云集，官宦豪门还租用街楼搭起的氍毹帘幕，作为眷属们观灯的所在。尤其是正月十五上元节（灯节），先数日，街市卖灯，谓之灯节。灯有"龙灯""马灯""谜灯""狮子灯""莲花灯""明角灯"等，巧丽精致，引人入胜，争奇斗艳。十三试灯，结彩棚于街巷，悬灯争胜，白昼游观，称为看彩色；夜则燃灯，击锣鼓，辉煌火树，金鼓喧阗，称为闹元宵。那时城开不夜，红男绿女，倾城出游，一派热闹景象。在农村，村民们迎土地神，联结百千盏灯笼，并旋转球灯为珠，亘街穿巷，导以胜旄，金鼓齐鸣，以迎神而祈水泽，盼望风调雨顺，五谷丰登。由于灯彩兴旺，产生了相关的灯文化活动，有灯市、灯社、灯谜、灯游、灯宴、竞灯等。苏州灯品众多，据《姑苏志》记载的就有荷花灯、栀子灯、葡萄灯、鹿灯、犬灯、走马灯、栅子灯、夹纱灯等。制灯店铺主要集中在阊门沿线一带。

民国初年，苏州灯彩仍然比较兴旺，1925 年成立苏州灯业公所以来，大小灯铺有 117 家之多，其中著名的有"小云飞""老祥征""巧云斋""振源祥""许龙飞""同源祥""朱同茂""朱顺兴"等。后由于战乱，民不聊生，一直兴盛的灯彩业逐渐萎缩。至新中国成立前夕苏州城内的制灯店铺仅剩 30 多家，且只靠制作殉葬用的纸扎冥器苟延残喘。

新中国成立后，每逢庆祝节日，各机关、团体、商店门口都需张灯结彩，苏州灯业才有所复苏。1951 年，全市有灯彩店铺 28 家。1956 年，成立了新艺灯彩合作社，后又并入苏州民间工艺厂，建立灯彩车间，近 40 名职工从事灯彩生产。生产的灯彩先后在拙政园、网师园和南京玄武湖、北京等地用以举办苏州灯展。1959 年在全国花灯比赛中，苏州的"亭台楼阁灯"造型优美、技艺精湛、风格独特，被专家评为全国第一。苏灯因此而誉满神州，名扬国内外。进入 20 世纪 80 年代，苏州灯彩在继承传统的基础上有所突破，扩至大型组景灯彩（称为第二代苏州灯彩），如《武松打虎》《红楼梦》《济公活佛》等。组景灯彩借鉴影视舞台艺术，配上光、电、声，以逼真的形象，优美的姿态，形象的动作，达到出神入化的艺术境地。苏州灯彩先后到新加坡、泰国等国家和中国香港地区展出，深受各地观众的好评。进入新世纪，苏州灯彩还参与苏州国际旅游节水上游船的制作，被称为"流动灯彩"，为节庆日增添了光彩。

怀：请问您对从事工艺的传承、发展、创新、主要业绩与贡献？

汪：在 20 世纪 80 年代初，在挖掘传统、继承传统的基础上，我研制出似真人状态的大型艺术灯彩组景，并辅以"声、光、电、动"技术手段，使人物灯彩惟妙惟肖。活灵活现的动态人物灯彩组合景亮相于世，使静态的苏灯发展演变为动态的苏灯，标志着苏州灯彩进入到第二代的新阶段。1984 年在苏州拙政园、虎丘等园林举办了新中国成立以来最大规模的灯会，我推出研制的"动态人物组合景"赢得了人们的一致好评，轰动了全国灯彩行业。江苏省民间工艺研究会肯定并认定"动态人物组合景"为第二代苏州灯彩，我成了第二代苏州灯彩的创始人，也是苏州灯彩和灯彩文化的传播者。我先后在北京、广州、西安、上海、武汉、桂林、庐山、秦皇岛、石家庄等大中城市举办各种类型的灯会、灯展达60 多次，好评连连。特别是跨出国门在新加坡、泰国等举办大型灯会，大获赞誉，深受欢迎。新加坡总统黄金辉亲自亮灯，并给予极高的评价。泰国诗琳通公主观后，为苏州灯彩的精美绝伦所折服，高兴地收藏了苏州灯彩的代表作《亭台楼阁灯》。

苏州灯彩与广州东方乐园合作开发的"古灯奇观"大型游乐项目，我作为项目首席设计和主持人，将传统苏州灯彩与游乐业相结合，创造了灯彩进入游乐业的成功案例，完成了苏州灯彩史上的重大突破和发展，成功地填补了中国自行设计制造游乐项目的空白，苏州灯彩以全新面貌进入游乐业。迪士尼游乐协会派出 20多人的专家团队对该项目进行考察、论证，对"古灯奇观"的成功给出了极高的评价，国家旅游局也做出了表彰，多位党和国家领导人高度赞扬该项目。

此外，已断代失传的苏州灯彩史上最经典的代表作《万眼罗灯》又称《剪万眼罗灯》。《万眼罗灯》以碎罗红白相间砌成，功夫妙天下，多至万眼，史称"天下第一灯"。但因历史原因断代失传，我和女儿汪丽秋通过回忆、整理、挖掘、抢救，在"存精髓、除陋腐、挖内涵、拓亮点、新高度、更美妙"上下功夫，终于在2012年底前使工妙天下的《万眼罗灯》亮相于世，它综合了苏州园林中的亭台楼阁等古建筑元素，又匠心独特地将"隔与引""藏与露""围与透"融入灯中，依据美学原理的黄金比例，外形庄重优美，内在布局精巧，结构平衡对称，剪纸精美，灯花斑斓，丹青笔墨气韵生动，颇具地方特色。如今的《万眼罗灯》远比前人制作的更精、更细、更美，创出了孔眼历史之最，孔眼数量达到21700多个，可见此灯的精细程度。我所制作的《万眼罗灯》现捐赠给苏州市非遗馆收藏，供人传承、观赏。

灯彩文化是中华文化的一个重要组成部分。苏州灯彩已成为中国灯彩的典型代表之一，具有地域特点、民族审美情趣和独特的艺术风格。苏州灯彩是集造型（扎架）、裱糊（糊灯）、绘画（灯画）、剪纸（套色灯花）、装饰（美处理）及声、光、电多种艺术于一体的综合工艺美术。苏州灯彩具有"精、细、美、雅"的艺术特点，关键是比例得当、精工细作、纹饰完美。顶底和中部比例为7：3、6：4。圆、方造型比例1：2为好。还有"四、五、六、八"，即"四时"（春、夏、秋、冬）、"五方"（东、西、南、北、中）、"六合"（和和合合）、"八和"（八面和谐）的体面定数。近年来我在坚持坚持传统基础上融入现代美学和时尚元素，在"色"与"光"上做了大胆的探索和尝试，突破了传统苏州灯彩的用色法，让大红大绿、红与紫等苏灯用色禁忌，在色与光中碰撞，产生极好的艺术效果。

怀：请您谈谈代表作品。

汪：我的代表作品有大型灯彩《亭子式花篮灯》《双龙戏珠》《猴国乐

《万眼罗灯》

队》《武松打虎》《百鸟朝凤》，以及戏曲灯彩《追鱼》《桃花扇》《百年常乐灯》和大型灯彩组景《文化双塔·魅力子城》，还有大型彩船《神州水乡——甪直》《东山碧螺号》，挖掘、抢救的《万眼罗灯》等，这些作品曾多次在国内外展出，并获奖。

怀：请介绍一下您所获职称、荣誉称号。

汪：2004年被评为高级工艺美术师，2005年荣获首届苏州市民间工艺家称号，2008年被认定为第二批省级非遗项目（苏州灯彩）代表性传承人，2018年被认定为第五批国家级非遗项目（苏州灯彩）代表性传承人。

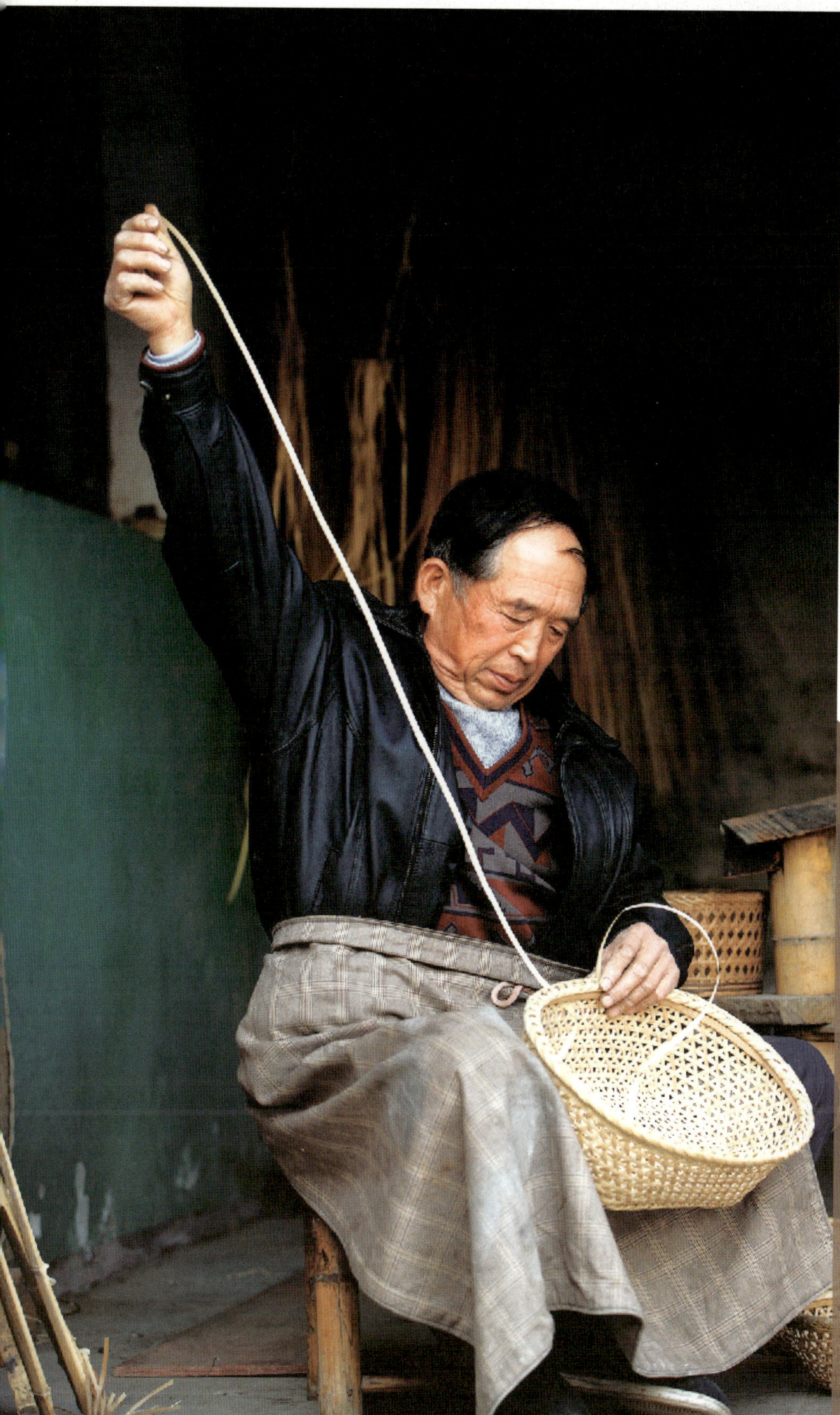

陶永飞（省级非遗后塍竹编代表性传承人）

后塍竹编的坚守者
——对话省级非遗后塍竹编代表性传承人陶永飞

文／吴建伟

吴：请您谈谈后塍竹编的历史沿革。

陶：好的。竹编，指用竹条篾片编成造型各异的工艺品的传统手工艺。竹编有着悠久的历史，是中华民族劳动人民辛勤劳作的结晶。竹子编制的菜篮、箩筐、簸箕、凉席等众多竹器，曾经满足着人们对生活的不同要求，在张家港最有名的要数后塍竹编。20世纪六七十年代，张家港活跃着一大批篾匠，特别是后塍地区的，他们手法娴熟、技艺精湛，编制出的竹器备受青睐。到了20世纪80年代初，后塍竹器厂的竹编制品在中国进出口商品交易会（以下简称广交会）上屡屡被外国人相中，远销海外，后塍竹编从此声名远播。随着新兴工业的兴起，机器取代了手工。竹编等传统纯手工艺品渐渐失去了原有的市场，取而代之的是色彩斑斓、工艺简单的塑料制品。如今，虽然这些竹器已淡出我们的生活，但后塍仍有一些技艺精湛的篾匠，用自己的信念一直守护着后塍竹编。本人就是其中的一位留守篾匠。

陶永飞，1946年生，苏州人。从小跟随祖父陶明松、父亲陶定玉等家人学习竹编手艺，为陶氏竹编第四代传承人。勤学苦练，技艺娴熟，既能设计，又能制作，代表作品有『竹编花瓶』『竹编屏风』竹编龙灯』和『盘篮』等，作品连续六年荣获『港城绝技』张家港市非遗技艺传承大赛一等奖。为第四批江苏省非物质文化遗产代表性项目（后塍竹编）代表性传承人。

吴：陶师傅，您从事竹编手艺已经50多年，请谈谈您的主要业绩和贡献。

陶：我出生于1946年，初中文化程度，后塍陶家祖传竹篾手艺的第四代传承人，现为省级非遗项目（后塍竹编）代表性传承人。

我16岁的时候，初中刚念完一年。有一天放学回家，父亲跟我说："明天不要去上学了，跟你叔去学手艺。"我记得这一年是1962年。3年困难时期刚过，家里有7个孩子，因为经济压力，父亲不得不让我辍学。这样，我从16岁开始，跟随祖父陶明松、父亲陶定玉及叔父陶生堂、陶菊厚学竹编。从学习竹刀、竹凿、篾千等工具的使用开始，由于勤学苦练，我从入门到融会贯通，只用了两年时间，把"插、穿、削、锁、钉、扎、套"等竹编的基本功和"起底、编织、锁口"这三道主要工序基本学到手。1964年，我进入后塍竹器社，正式从事竹编工作。我不断精进自己的竹编技术，从生产农具、生活用具到设计制作出口工艺品，逐渐熟练掌握了整个工艺流程。几十年的坚守与摸索，形成了独具陶氏风格的竹编技艺。1971年，我不再耗费精力做竹编农具，而转向做竹编工艺品。当时，张家港工艺美术公司带我去外地参观，尤其以广州地区为主。我将参观中所看到的种种好看的工艺品深深记在脑海里，然后尝试去做。失败，重做，再失败，再重

竹编产品

做，将自己做出来的实物一点一点地去比对自己脑海里的影像，直到令自己满意。如果说 9 年前师父为我打开竹编世界的大门，那么这一刻，面对如此精美细腻的竹编工艺品，我像是拨开了迷雾——很多工艺品的技法对我来讲，稍加研究即可习得，这得益于当年授业恩师对我基本功学习的严厉教导。而这样透着灵气的东西，才是竹子的"本来面目"。

设计、打样、制作，工艺流程全凭脑子，没有书本。从选竹，压竹、铰节、劈竹、劈篾、改篾、撕篾、拉丝、穿篾、煮篾、染篾、编织，全是手里功夫。所用工具有锯子、竹刀、改刀、刮刀、铰刀、篾扣、篾尺、打板、篾针、罗丝钻、扎针、握刀、钻头、铰刨、蟹刨、火盆、铁锅等。如今的我经验丰富，技艺娴熟精到，练就了一双麻利灵巧的竹编之手。此外，我还能编制出各类花纹、图案和文字，如竹编产品花瓶、屏风，松鹤、梅兰竹菊图案，福禄寿喜文字等。

1972 年至 1982 年的 10 年里，我逐渐从竹器厂里的技术员、设计师成长为独当一面的大师傅。我每年都要赴广州参加广交会布展讲解、接洽业务。1976 年，还参加了北京订货会，展销设在和平饭店 6 楼。闲暇之余，我还在厂里带了 10 多位徒弟，有唐仁兴、唐才兴、唐良福、刘进才、刘品英、赵洪生、张永渔、李岳松、浦菊芬等。同时，我还经常去中兴、晨阳、泗港、大新、德积、合兴等周边地区，以及苏州枫桥等地教授竹编制作技艺，拿着样品边做边教。1983 年，竹器厂与市色织厂合并，我们 10 名篾匠继续留守竹器厂。我是厂长，自负盈亏，自主经营，留守 3 年。1985 年至 1987 年，我又调入色织厂工作，但我没有放下竹编工具，坚持业余时间在家研习竹编制作技艺，直到现在。

吴：请谈谈您的代表作品和获奖作品吧！

陶：我制作的竹编制品，有灯笼、茶具、食盒、果篮等，做工精良，器形精美，供不应求，获誉频频。20 世纪 60 年代，竹编盘篮在沙洲县（现张家港市）塘桥农产品编制比赛中获一等奖；1981年，双龙戏珠竹编灯荣获"沙洲之春"特等奖；竹编龙灯长 50米，龙头逼真，重 45 斤，在"沙洲之春"舞龙活动中获一等奖，后被用以苏州市体育运动会开幕式表演。竹编屏风，图案是松鹤、梅、兰、竹、菊，栩栩如生，是后塍竹编工艺品代表作；2007 年，日本友人专程到张家港后塍，到我家定制 5 套竹篮工艺品，有方形、圆形、腰子形及小香篮竹篮，深受日本友人的青睐；2013 年至 2018 年，我的竹编作品连续 6 年获得"港城绝技"张家港市非遗技艺传承大赛一等奖。

时光荏苒，岁月如歌。如今，竹编制品已经从昔日的生活必需品变成了审美工艺品，我也由一个青春洋溢的帅小伙变成了满头银丝的古稀老人。半个世纪的芳华，不变的是我对竹编的坚守，对技艺传承的情怀。作为一名非遗传承人，我仍在竹编的行业中幸福地忙碌着，进校园、进社区、带徒弟、做传承，把世代相传的竹编绝活传承下去。

杨根兴 （省级非遗香山帮传统建筑营造技艺）代表性传承人

创新、发展的『共和建筑』

——对话省级非遗香山帮传统建筑营造技艺代表性传承人杨根兴

文／龚平

龚：记得 2014 年我曾来到您的苏州蒯祥古建园林工程有限公司（以下简称蒯祥古建公司），当时您就提出了要用五年时间建一个苏州古典园林集萃的想法。

杨：刚才您已经看到了。五年过去了，我秉承古法在厂房楼层建造了一座园林集萃博物馆，把世界文化遗产苏州古典园林提炼展示在一千四百八十平方米的室内，九个园林每个选一个精品：拙政园花篮厅、狮子林真趣亭、耦园山水间、环秀山庄假山、艺圃乳鱼亭、留园鸳鸯厅、网师园竹外一枝轩、沧浪亭面水轩和退思园水香轩。

龚：您是很小就走上"香山帮匠人"这条道路的？

杨：是的。我 1953 年出生在横泾。我父亲是瓦工，那时生产队里有规定，一家只允许一个小孩跟着学手艺。我们兄弟姐妹四个，我是老大，十五岁就到当时的越溪供销社当泥水匠小工，挣钱

艺圃乳鱼亭

贴补家用，帮父母养几个弟妹。

开始时我就是头上顶了瓦片筐子，爬梯子送到屋顶上去，一天上下几十趟。几个月后，便跟着师父学砌墙。那时农村多是乱砖墙，砖块要搭配好，砌出来的乱砖墙比整墙还漂亮。我17岁时就小名气了。21岁时，我被派到吴县建筑站工程队，参加当时市房管部门组建的皮市修建队。不久，在文庙附近一个市政府重点项目的劳动竞赛后，我被提拔当了青年突击排副排长。从此，从修修补补、小打小闹"杂牌军"，一下子成了"正规军"。

龚：这么说，您做瓦工是家族传承的？

杨：从我父亲方面上说，曾祖父杨金和、祖父杨巧泉、父亲杨福根，

杨根兴，1953年出生，苏州人。从小随父学习瓦工手艺，15岁在苏州越溪供销社当泥水匠，21岁进吴县建筑站工程队工作，擅长瓦工、木工，为『香山帮』第五代传人。参与的工程『苏州桐芳巷住宅小区』荣获中国建筑工程鲁班奖、国家施工质量一等奖，个人获综合金牌奖；『平门段古城墙景观工程』荣获国家优质工程奖，个人被中国风景园林学会授予中国园林古建筑技术名师。2010年被认定为第三批江苏省非物质文化遗产代表性项目（香山帮传统建筑营造技艺）代表性传承人。

都是瓦工；从我母亲方面上说，曾外祖父谭柏生、外祖父谭阿冯、舅舅谭才宝，都是木匠。所以传到我身上，是瓦工、木匠兼得。

龚：您入行已经半个多世纪了，一定做过许多大工程，也带来了不少荣誉。

杨：我做的工程很多，有南京夫子庙古建筑群、苏州桐芳巷住宅小区、苏州平门段古城墙景观工程、绿城桃花源等。苏州桐芳巷住宅小区项目荣获中国建筑工程鲁班奖、国家施工质量一等奖，个人获综合金牌奖；苏州平门段古城墙景观工程荣获中国施工企业管理协会主办的国家优质工程奖；等等。我个人还被中国风景园林学会授予中国园林古建筑技术名师，被中国民族建筑研究会授予中国营造技艺工匠名师等荣誉称号，并被认定为省级非遗项目（香山帮传统建筑营造技艺）代表性传承人。

龚：您除了在传承方面做的园林集萃博物馆，还有哪些创新的具体案例吗？

杨：由于现代建筑审核规范对木结构有许多限制，我别出心裁地把混凝土与木结构有机结合，形成了古色古香、仿古似古的现代香

沧浪亭面水轩

山派建筑，为了区别于明清建筑、民国建筑，我把它称作"共和建筑"。

龚：记得十多年前香山帮传统建筑营造技艺申报国家级非遗项目时，您在推荐论证会上曾有过一段非常精辟的论述。

杨：香山帮传统建筑营造技艺的特点：一是以木结构组成负重主体，使建筑具有较为永久的稳固性；二是墙面处理轻巧，集木雕、砖雕、石雕等与墙面有机结合，使人产生飘逸多彩之感；三是外观造型线条明显，主要是屋脊檐口、发戗翘角幅度较大，设计合

理，玲珑剔透，远视似牛羊成群之势，近视有斗牛冲天之气；四是色彩朴素淡雅，以灰、白、红三色为主，屋顶配以深灰色的小青瓦，墙面为白色粉墙，外露之木结构漆成红色，自然勾勒出整体建筑鲜明的线条。

图片来源：苏州工艺美术职业技术学院桃花坞木刻年画社

年画刻版我最爱
——对话省级非遗桃花坞木刻年画代表性传承人叶宝芬

文／怀念

怀：请问您的从艺起点和师承关系？

叶：1979年4月随父亲叶金生学艺。我父亲是一位优秀刻版艺人。我深得父亲的真传，刻版技艺精湛。几十年如一日，坚守着桃花坞年画刻版技艺，先后复制刻版了传统和现代桃花坞年画40多幅（套），在国内外展出并获奖。

怀：您坚守从艺的理由是什么？

叶：因为我把它当成我一辈子要做的事。

怀：桃花坞木版年画的历史及在苏州的发展？

叶：桃花坞木版年画源于宋代的雕版印刷工艺，因曾集中在苏州城内桃花坞一带生产而得名，与天津杨柳青、山东潍坊杨家埠、四川绵竹的木版年画，并称为中国四大民间木版年画。桃花坞木版年画的印刷兼用着色和彩套版，刻工、色彩和造型具有精细秀雅的江南民间艺术风格，主要表现吉祥喜庆、民俗生活、戏文故事、花鸟蔬果和驱

《一团和气》
图片来源：苏州工艺美术职业技术学院桃花坞木刻年画社

鬼避邪等民间传统审美内容。2006 年，桃花坞木版年画因其独特的艺术审美价值和珍贵的历史传承意义，被列入第一批国家级非物质文化遗产代表性项目名录。

怀：请介绍一下您的作品。

叶：刻版作品有乾隆版《一团和气》和年画《花开富贵》《关公》、组

叶宝芬，女。1955年生，苏州人。1979年进苏州桃花坞木刻年画社，随父亲叶金生学习桃花坞木版年画刻版技艺。2005年退休后，一直在苏州工艺美术职业技术学院、苏州桃花坞木版年画社传授桃花坞木版年画刻版技艺。20多年来先后复制刻版传统和现代桃花坞木版年画近40套，独立刻版的迎春曲和水乡四季图先后荣获首届中国风俗画大奖赛优秀奖和第四届全国年画展二等奖。2008年被认定为第二批江苏省非物质文化遗产代表性项目（桃花坞木刻年画）代表性传承人。

画《水乡风光》《水乡四季图》《吴哥画意》《迎春曲》《姑苏北寺塔》《寒山寺》《狮子舞》等。代表作品是乾隆版《一团和气》，该作品前身是乾隆版《和合致祥》，是桃花坞年画的代表作品之一。这幅《一团和气》是我与徒弟历时两年多共同完成的作品。刻这幅作品用的主要工具是拳刀，运用发刀、挑刀、衬刀和复刀四种刀法，刻出画面上的线条，再用弯凿等刀具准确地把底铲平整。民间木版年画朴拙简练的特点，如刀法、刀痕、木质等都是通过刻来体现的。刻版可以说是二度创作。《一团和气》整幅作品色调雅致、稳重，线条清晰、分明，将版画的古朴情致演绎得丝丝入扣，美不胜收，让人赞叹不绝。

我刻制的桃花坞年画《迎春曲》荣获首届中国风俗画大奖赛优秀奖，桃花坞年画组画《水乡四季图》荣获第四届全国年画展二等奖。

徐海林（市级非遗苏州水乡木船制作技艺）代表性传承人

仿真船模的守护人

——对话市级非遗苏州水乡木船制作技艺代表性传承人徐海林

文／吴建伟

吴：您创立的苏州水乡木船制作技艺被列入市级非遗代表作名录。请您谈谈当初是如何想到制作船模的？

徐：这首先要从我的经历说起。出生在船上的我，见惯了南来北往的船只。我17岁学木工，后来从事修船、造船工作。1990年在偶然的一次机会中得知苏州市在抢救保护古建筑的信息，由此想到了古老的造船技艺。如果没有人有意识地对它进行保护，这项技艺也将失传。于是我就想到了制作仿真船模。自从制作第一条船模开始，我就踏上了漫漫船模路。由于船模资料特别少，我便到处寻找资料，看实物：去嘉兴南湖看红船；去江阴看渡江第一船；去太湖看帆船；为了省钱，自己骑自行车去沙家浜看船；为制作《郑和宝船》去了太仓浏河，还去了上海交通大学中国船史研究会和江苏省郑和研究会船模制作中心，想尽一切办法收集船的图文资料。20余年间，已制作完成各类船模100多

《渡江第一船》

艘，并收集了大量船模的历史图文资料，还有意识地收集和保
存了大量船上用具及船上的生活用品。

吴：十分钦佩您的工匠精神，同时我也在揣测，您如此执着而痴迷
于此，是不是船模制作之于您还具有更多的象征或精神意义？

徐：有。苏州水网交错，河湖港汊星罗棋布。作为交通运输中长期
占主导地位的木船，为苏州的建设和苏州人民日常的生产生活
等活动起到了关键的作用。船，推动了苏州经济发展；船，成
为人间天堂的重要标志。传承几千年的舟船，其存在和发展具
有丰富的文化内涵，但由于当今社会的发展需求，水乡木船已
完成其历史使命，退出历史舞台，绝大多数的木船已经消失，极

徐海林，1958年出生，苏州人。高级工艺美术师，苏州市民间工艺家。1997年着手研究仿古木船制作工艺。制作的郑和宝船和南湖红船分别由香港海事博物馆和中国人民革命军事博物馆收藏。2007年，仿古木船郑和宝船荣获第八届中国民间文艺山花奖。2010年被认定为第二批苏州市非物质文化遗产代表性项目（苏州水乡木船制作技艺）代表性传承人。2017年被评为江苏省乡土人才『三带』能手培养对象。

少数种类尚存民间。舟船作为人类发展史中一个重要的精神载体，拥有其自身独特的文化底蕴和艺术价值。保护舟船、保护船文化、保护水文化，已迫在眉睫，船模就是在这特殊的时期孕育而生了。船模仿真如真、精细美观、便于保存，能很好地保留了历史和民间的舟船文化，其存在为保存和弘扬悠久的船文化、水文化必将起到不可替代的作用。

吴：请您谈谈馆藏和获奖作品，以及代表作品。

徐：馆藏作品：《南湖红船》《渡江第一船》被中国人民革命军事博物馆收藏，《郑和宝船》被香港海事博物馆收藏，《漕船》被淮安中国漕运博物馆收藏，《春秋战船》被孙武纪念园收藏，《古吴大翼船》被鸿山遗址博物馆收藏，等等。

获奖作品：2007年，《郑和宝船》荣获中国民间文艺山花奖；2015年，《春秋战船》荣获第十一届中国（深圳）国际文化产业博览交易会冬季工艺美术精品展中国工艺美术百花奖金奖；2016年，《鉴真东渡船》荣获第十二届中国（深圳）国际文化产业博览交易会冬季工艺美术精品展中国工艺美术百花奖银奖；2018年，《南湖红船》在第十四届中国（深圳）国际文化产业博览交

《南湖红船》

易会冬季工艺美术精品展工艺美术飞花奖获银奖；其他各大奖
项 20 余次。此外，2010 年，《郑和宝船》参加在德国慕尼黑的
海事博物馆举行的"欧洲 16、17 世纪大型航海贸易展"，展出
持续了 6 个月，受到高度的评价和热烈赞扬；2010 年 5 月，作
品《鉴真东渡船》参展上海世博会；作品《郑和宝船》《汴河客
船》《耆英号》《春秋战船》，入选参加国家艺术基金会 2018 年
度传播交流推广资助项目"中国古代船模作品巡展·深圳站"巡
展。多年来，我参加各类展会 10 余次，并入编多部名人辞典。
曾于北京、香港、南京、杭州、苏州等地举办作品展 20 余次。
中央电视台、香港凤凰卫视、台湾大爱电视台、上海东方电视
台、江苏电视台、浙江电视台等新闻媒体都做过关于我和船模
作品的大篇幅的报道。

《郑和宝船》

吴：作为非遗项目传承人，您在传承方面做了哪些工作？

徐：我正在努力做。实话实说，制作仿真古船的技艺正在消失，从
　　业的老人们纷纷去世，而年轻的后辈就业渠道众多，不愿习此
　　"苦力"行业，我十分担心造船技艺将后继无人。而可喜的是，
　　目前社会上观赏和收藏船模的人士不断增加，各地博物馆从船
　　文化角度着眼，正将船模列为馆藏项目。船模将成为船文化的
　　传承和保护中最好的实物。故而，保护现有可利用的一切船文
　　化资源，培养下一代的船模制造人，已迫在眉睫，我首先从我
　　儿子这一辈抓起，利用各种媒体手段进行宣介，不断扩大船模
　　技艺、船文化的影响，力争通过几年的努力，使江浙地区乃至
　　全国的船文化得以久传不衰。